ちくま新書

入門 ユダヤ思想

合田正人
Goda Masato

1272

入門 ユダヤ思想【目次】

序章

答えは風に揺れている

ボブ・ディランのことはご存知だろう。そのディランについて、彼の東欧ユダヤ人出自を云々《うんぬん》する奴がいるがつまらない考えだと思う、という発言を目にしたことがある。そうかもしれない。でも、つまらないのは、もしかすると、この発言者自身が、出自とその人物の活動との関係を決定論的に捉えているからではないだろうか。《ユダヤ》というものを何か既知のものに還元しているからではないだろうか。

そもそも《ユダヤ》とは何だろう。この呼称それ自体が実は大きな問題を孕んでいるのだが、ともあれ、この「何だか分からないもの《ジュ・ヌ・セ・クワ》」を探ること、それがこの本のテーマである。

きっと眉をひそめるひともいるだろう。けれど、近年のディランはちょっとシニカルなラビ〔ユダヤ教の律法博士〕のような風体《ふうてい》をしている。「答えは風に揺れている」(The answer is blowing in the wind)、これほどユダヤ教解釈学の集成「タルムード」の考え方をうまく表現した言葉があるだろうか。答えを一義的に決められない。二者択一でも単なる両立併記でもない。でも、だからといって、決めつけているわけでは決してない。いや、決めつけることなどそもそもできないのだ。どうしようもなく「両極がわれわれのうちにある」(パウル・ツェラン)のだから。一般に、「アシュケナージ」と呼ばれるドイツ以東のユダヤ人と「スファラード」と呼ばれるイベリア半島のユダヤ人との差異がある。このことが示しているように、《ユダヤ》は強烈な凝縮力を有しつつも分裂的生成の過程でもあるのだ。

キリスト教暦三世紀に、ユダヤ教の学者のあいだで、シャンマイ学派とヒレル学派の論争が生じた。前者は厳格で後者は柔軟だ。ある異邦人がユダヤ教に改宗しようとしてシャンマイとヒレルのもとを訪れ、「わたしが片足で立っている間にユダヤ教の教えをすべて教えてくれ」と無理を言った。シャンマイは棒で叩いて彼を追い返し、ヒレルは「ひとにされたくないことをひとにするな。それがすべてだ」と答えた。トマス・ホッブズはこの立場を受け継いだ。最終的にはヒレルの立場が採用されたとはいえ、いずれも「神の言葉である」というのがユダヤ教の考え方なのである。

May you always do for others　いつもひとのために為すように

And let others do for you　そしてひとにはあなたのために為さしめよ

詩人のアーサー・ビナードは、ディランのこの歌詞が、「ひとにされたくないことをひとにするな」を踏まえつつ、ただ、「してほしいこと」とも「してほしくないこと」とも言わないことで、その新鮮で不思議な言い換えになっていると書いている。

「わたしとわたし／人の本性が称えることも許すこともしない創造の世界にいる／わたしとわたし／一人が一人に言う、私の顔を見て生きていられる者はいないと」と訳されているディランの歌詞もある。『出エジプト記』三三・二〇で描かれた神の顔との不可能な対面が、自分自身の鏡像を見る場面に変換されているかに思えるがどうだろう。羊皮紙の面を削って新たな文字が記されるように、もちろんディランにおいてだけではないけれども、ここでも聖句の解釈が継続されているのだ。

†リズムを刻まれた身体

森繁久彌が主役を演じた『屋根の上のヴァイオリン弾き』。それを通じてロシアのユダヤ人居住区《シュテッテル》での生活の一端を垣間見た方は少なくないだろう。ロシアや東欧で「イディッシュ語」という言語を使用するユダヤ人のなかで「クレズマー」と呼ばれる音楽が生まれた。スティーヴン・スピルバーグ（一九四六―）の映画『シンドラーのリスト』の舞台となったポーランドのクラコフ――今はアウシュヴィッツを訪れる者たちの拠点となっている――に行くと「クレズマー」の生演奏を聴くことができる。

誰もが音楽家であるわけではないが、誰もが音楽を生きている。その音階や旋律やリズムを刻んだ《ユダヤ》の身体が東欧から北アメリカに移動した。人類史を見わたせば、アフリカに暮らす人々も突如として日々の生活と連類を奪われて奴隷船の船倉に積み込まれ、しかも、同一の言語を話す者たちは陰謀を企むかもしれないので別々の船に乗せられた。北アメリカ大陸へ、アンティル諸島へと向かうこの痛苦な航海のなかで、彼らの身体に刻まれた多様な音階や旋律やリズムも移動する。ジャズが、いやジャズだけではない、様々な音楽が生まれた。そして今も芽生え続けている。

例えばディランについて先人ウッディ・ガスリー（一九一二―一九六七）の名を挙げるひとがたくさんいるけれど、ウッディの二番目の奥さんのお母さんは著名なイディッシュ語の詩人である。ウッディはそれをみずからの創作に活かした。

ボブ・ディランの《ユダヤ》出自を云々すること、その観点からディランのリズムと旋律、その歌詞の破格文法を語ることはつまらないどころか、このいまだ知られざる生成過程に身を投じるわくわくするような冒険ではないだろうか。

†虹の向こうのどこか

虹の向こうに行くことはできない。虹はいつも前にある。でも、虹を見て、存在することのないその向こう側に思いをはせたひとたちがいる。『オズの魔法使い』の主題歌「虹の向こうのどこか」。全米レコード協会はこの曲を「二〇世紀の歌」の第一位に選んだ。そして、歌詞を書いたエドガー・イップ・ハーバーグ（一八九六―一九八一）もまたイディッシュの国に連なる者なのである。

ディランが《ユダヤ》かどうか、それがどうでもいいということは、逆に、《ユダヤ》が名状しがたい感性の次元にまで浸透し、《ユダヤ》が《ユダヤ》と明言される必要がないということでもある。それこそが大事なのではないだろうか。

私たちは、たとえばマルティン・ブーバー（一八七八―一九六五）やエマニュエル・レヴィナス（一九〇六―一九九五）といった哲学者についてはほとんどつねにユダヤ人（系）哲学者と表現する。あたかもそれでなにごとかが語られるかのように。文学者についてもユダヤ人（系）作家と称される場合が多い。

作曲家のアルノルト・シェーンベルク（一八七四―一九五一）、画家のマルク・シャガール（一八八七―一九八五）、相対性理論のアルベルト・アインシュタイン（一八七九―一九五五）、量子力学のニールス・ボーア（一八八五―一九六二）など、美と科学の分野では少しその程度は減じる。ただ、知性にかなり自信のある方も、ユダヤ人と称される人物との交際を何ら持つことなく、ユダヤ人は頭がいいとか金持ちだとかいうイメージを抱いている場合がある。だけど、ディランについてはそれすら問題にならない。ポール・ニューマン（一九二五―二〇〇八）の瞳、セルジュ・ゲンズブール（一九二八―一九九一）の猥雑なエロティシズム、ロミー・シュナイダー（一九三八―一九八二）の物憂い表情、ジョージ・ガーシュイン（一八九八―一九三七）のラプソディーなどが《ユダヤ》と結びつけられることもそれほど多くはない。そんなことをすればむしろ人種的・文化的偏見との非難を受けるかもしれない。

《ユダヤ》とは何か、《ユダヤ人》とは誰か、という問いはこのように、ある者、ある作品、ある事象をユダヤ人として、ユダヤ的なものとして「承認」すべきかどうかという暗黙の判断と一体をなしている（アクセル・ホーネット『承認をめぐる闘争』法政大学出版局、参照）。

†モーセの石板

サンフランシスコのユダヤ現代博物館を訪れたときのことだ。博物館は改修中で常設展はなく、鑑賞できたのはある映画監督の特別展だけだった。スタンレー・キューブリック（一九二八―一九九九）である。不意をつかれた。愚かにもそれまでキューブリックがユダヤ人であるとは考えていなかったのだ。ユダヤ人でないとも考えていなかったのだが、驚きと同時に、ああ、『二〇〇一年宇宙の旅』（スペース・オデュッセー）、あれが《ユダヤ》だ、という感覚が襲った。

スタンレーの祖父ヘルシュ・キューブリックがアッパー・ニューヨークのエリス島――移民局が置かれ「嘆きの島」とも呼ばれた――にリヴァプールから到着したのは一八九九年のことだった。

キューブリックの映画『二〇〇一年宇宙の旅』という作品についてはすでに多くのことが語られてきた。「モノリス」（一枚岩の意）と名づけられた石板が幾度も映画のなかに出現するのを覚えている方も多いだろう。あの石板はいったい何なのか。

まず想起されるのは、神からモーセに授けられる石板である。ヘブライ語聖書で「出エジプト記《エクソダス》」にあたる箇所には、「主はシナイ山でモーセと語り終えられたとき、二枚の掟の板、すなわち神の指で記された石の板をモーセにお授けになった」（新共同訳、三一・一八）と記されている。ところが、モーセの下山を待ちわびた民は、「黄金の子牛」の偶像を作っていた。それに激怒したモーセは石板を割ってしまう。主はモーセに、「前と同じ石の板を二枚切りなさい。わたしは、あなたが砕いた、前の板に書かれていた言葉を、その板に記そう」と提案し、そこでモーセは二枚の石板を携えて翌朝シナイ山を登り、神から掟を再授与されるのである。

映画『二〇〇一年宇宙の旅』の前奏と後奏としてリヒャルト・シュトラウス作曲の『ツァラトゥストラはかく語りき』が流れる。このこと自体キューブリックがニーチェ『ツァラトゥストラはかく語りき』第三部の「新旧の石板について」を意識していたことを示しているのではないだろうか。

「私は砕けた石板やまだ半分しか刻印されていない他の石板に囲まれている。私はそこで待機している。私の時が到来すれば、再び山を降りて没落する時が到来すれば。（…）見給え。ここに新たな石板がある。しかし、それを谷まで運び、肉の心に刻印するための手伝いをしてくれるわが兄弟たちはどこにいるのか。」

ここにいう未知の「兄弟」とそのネットワークを探すこと、それこそが今《ユダヤ》を考えることの意義のひとつではないだろうか。加えて、「個人」と呼ばれるもののなかにこの可塑的なネットワークの可能性を見出して、《ユダヤ》と《非ユダヤ》といった二分法を壊してみたいのだ。

†無限の破片

アーサー・クラーク（一九一七―二〇〇八）の原作では、石板は「新しい岩」と呼ばれ、「何か完全に透き通った物質でできていた」とある。映像でも何も書かれていないように見える。だが、神の指で書かれたものが有限な人間たちに見えるのだろうか。見えないし、見てはならないけれども、そこに「無限」の現前を感じ取ることはできる。

この「無限」というものが、ユダヤの思想を解くキーワードである。「モノリス」はいつも、至る所にある。それは「無限」の破片であり、破片であるという意味で象徴なのだ。それにしても、あたかもそれが宇宙の、神の不可視の文字であるかのように、「モノリス」から音響、振動が発せられ、それにヒトザルたちが取り憑かれる場面がクラーク原作にあるのは興味深い。

「〈新しい岩〉までまだ百メートルと近づかないとき、音がはじまった。／聞こえるかどうかというほどかすかだが、群れはいっせいに足を止め、道の途中でだらしなく口をあけたまま立ちつくした。単純な、狂おしいほど反復の多い振動で、それは透明な岩から脈打ち広がると、圏内にいた者をひとり残らずとりこにした。アフリカの大地に、最初にして――以後三百万年を通じて、最後の――ドラムの音がひびいたのである。」（早川書房、四

一頁)

それはまた作品の最後で「胎児」が聴き感じる音と律動でもある。

モロッコ生まれのユダヤ人数学者にして哲学者ダニエル・シボニー（一九四二—）は筆者と出会ったとき、「この出会いについて無限に向けて感謝する」と言った。無限が何なのか分からないのに、ユダヤ人は、この無知をわきまえつつ至る所に現前を感じ取り、それに感謝し畏怖する。それも無限大と無限小という二つの無限に。それは果てがないという意味での「無限」ではない。果てがないがゆえに限りなく進行することではない。そうではなく、ここと今があり、そこに《私》がいて、私が何かと、誰かと出会いうるということ、それ自体がすでにして無限のおかげなのだ。

「この人々〔ユダヤ人〕は消滅することへの抵抗を、無限に向き合って〔自己を〕維持することとして集団化した」と、シボニーは言っている。歴史上いくどとなく消滅の危機にさらされてきたユダヤ人。彼らはその危機に抗うために「無限」に向き合い、それによって自分たちの身を消滅から守り、維持を図ったのである。

そのシボニーはしばしば「ヨブ・コンプレクス」なるものを口にする。ヨブは無垢なる義人で悪を避けて生きていた。その彼に次々と不幸が降りかかる。ヨブは自分の正しさを神に向けて訴える。そのとき神は言う。「これは何者か。／知識もないのに、言葉を重ねて

／神の摂理を暗くするとは」、「わたしが大地を据えたとき／お前はどこにいたのか。／知っていたというなら／理解していることを言ってみよ」、と。無茶なことだ。世界創造のときお前はどこにいて、その何を知っているのか、というのだから。けれども、この問いこそが《ユダヤ》だ。『ヨブ記』は無限と有限との根源的差異の物語なのだ。

その意味では、無限集合論と格闘しながら精神を病んでいった数学者のゲオルク・カントール（一八四五―一九一八）が、「潜在的な無限」ではなくあくまで「現実的な無限」を唱えたことにも、私は《ユダヤ》を感じる。彼の切ない人生と思考について詳述した小島寛之は、「有限の中にこそ、「無限」が息づいている。安らかで秩序に満ちているように見えるこの世界のいたるところに「無限」の陥穽が口を開けているのだ」と書いている。このようなものとして世界というシステムを、時空を、そこでの出来事を感じ取る感性、それが筆者にとっての《ユダヤ》にほかならない。

ユダヤ教には「六一三の戒律《ミツヴァ》」があって日常行動を規制していると言われるが、これらの「戒律」を束縛ではなく歓喜として捉えることができるのは、まさにそれが無限との絆そのものだからだろう。

有限のなかで無限は息づいている。言い方を換えれば、無限と有限という橋渡しできないものを架橋し、人智を超えた無限とその「法」〔法則〕に、人間たちの日常のありとあらゆる行動を適合させようとすること。そもそも不可能な業なのだが、それを遂行するのが《ユダヤ》にとっては「文字」であり「言語」である。そして「註解」ないし「解釈」であった。たとえば、「神は言われた。「光あれ。」こうして光があった」という言葉は、実在があってそれを指示し意味する言葉があるのではなく、言葉が、ここでは命令が実在を創るということを示している。

†無限と向き合う

無限と向き合うこと、それをユダヤ教では「デベクテート」（密着）と言う。一八世紀にポーランドでハシディズムというユダヤ教の運動が起こったが、その創始者バアル・シェム・トブ（一七〇〇?—一七六〇）は、「デベクテート」の方法として、「私はつねにヤハウェ（YHVH）という四文字を前に置く」と言い表している。

聖典の解釈のことをヘブライ語では「ドラッシュ」とも「ミドラッシュ」ともいう。「ドラッシュ」には底なしの井戸の水を飲むことに譬えられている。まさに有限のなかの無限を彷彿《ほうふつ》とさせる比喩である。底なしなので誰も飲むことができないのだが、ある賢者が紐と紐を結んでついにその水を飲むことができたというのである。この譬えのように終わりのない法解釈の総体、それが「タルムード」と呼ばれるユダヤ教の熱源にほかならない。

　しかし、それに根底的な批判を加えた人物がいる。それは、『神学・政治論』（一六七〇年）を生み出したスピノザ（一六三二―一六七七）だ。そのスピノザもまた紛れもない《ユダヤ》である。

　ユダヤ論の中にはスピノザを取り上げることのないものもある。それは著者の自由だが、この本では、スピノザが最重要な存在となる。一六五六年スピノザはアムステルダムのユダヤ人〔ポルトガル人〕共同体から破門された。しかしその三〇〇年後、スピノザを復権しユダヤの民の一員に再び加えるべきか否かが建国間もないイスラエル国の国家的課題となり、世界のユダヤ人たちの意見は二分された。アインシュタインは復権に賛成しレヴィナスは反対した。果たしてスピノザは《ユダヤ》なのか、それとも非《ユダヤ》なのか。この、二者択一でも両立併記でもないスピノザという存在を見ることなく、果たして《ユダヤ》を語りうるのだろうか。

†切断する線

　無限といい有限といい、いずれも「限界」「境界」に係る事象であるのは言うまでもない。何かを二つに分けるとき、その切断線そのものは無視されてしまう。そのような非存在としての切断線もしくは輪郭線にこだわり続け、それどころか、この切断線もしくは輪郭線そのものと化し、それを生きること、それが《ユダヤ》であると私は考えている。つねに抗争とパラドクスの場所でもあるのだ。有理数のなかで無理数のように存在すること。0101のような等拍のリズムのなかに0＝1のような不整脈を刻むこと。あえて言うならば、《ユダヤ》は不断の「戦争《ポレモス》」の場、その地帯だ。だからこそ「平和」というものへの新たな思いが、「平和」というものの新たな観念がそこに宿りうるかもしれないのである。

マルティン・ハイデガー（一八八九―一九七六）もまたこのような「線《リーニエ》」の哲学者だった。ただ、ハイデガーはそこに「有限性《エンドリッヒカイト》」を見、《ユダヤ》はそこに限界の「無限性」を見た。ハイデガーの「黒ノート」における《ユダヤ》への言及はこの観点から検討されねばならない。

ユダヤ教には、「割礼」という儀式がある。誕生から八日目に男児の性器の包皮の一部を切除するを指す（『創世記』一七・九―一四）。これも切断のひとつの在り方だ。自己の肉体の一部を切断して差し出すことが契約の証となるのだ。ここではジェンダー問題はさておき、この切除と傷が《ユダヤ》への帰属のしるしとなる。いわゆる旧約でも『レヴィ記』一二章、『申命記』三〇章、『エレミア書』四、九章などで「心の割礼」の必要性が語られているとはいえ、肉体性に対する精神性の優位を明確に確立したのはいわゆる新約の『ローマの信徒への手紙』二章とされている。しかし、《ユダヤ》は契約を心の問題に還元しない。精神化しない。あくまで肉体の一部を切り取ることにこだわるのだ。

規律の細部にこだわり、一方で偶像を禁じつつも、肉体とモノと形にこだわること。祈りの儀式があるとする。何らかの事情でその儀式ができなくなる。そんなときみなさんはどうするだろうか。儀式を諦めて心のなかで祈るだろうか。諦めないのが《ユダヤ》だ。レヴィナスが『捕囚手帖』に書き付けていることだが、祈りに必要な人数はどうやっても集める。その明かりもどこからか見つけてくる。もうだめだ、もうやめよう、という時の、決死には向かわない知恵のようなもの。絶望、という言葉を許さない、あるいは、絶望との接点から生まれる衣食住の「フモール」〔ユーモア〕と言うのだろうか。反語的術策である「アイロニー」とはちがって、「フモール」をただ「道」〔縁〕を「歩く者《イテース》」である。

†流動的境界

先に「限界」「境界」を話題にしたけれども、《ユダヤ》もいろんなものと隣り合っている。それ自身が変動を続けているが、ひとりで動くことは絶対にない。相対性が失われることもない。《ユダヤ》を論じる者たちはしばしば、差異を固定的に強調しようとして、この点を見失っている。《ユダヤ》が「三つの一神教」の一つであるという視点すら失われている場合が少なくない。（ちなみに、クレオールの思想家エドゥアール・グリッサン（一九二八―二〇一一）は、「三つの一神教」を地中海沿岸に集中したローカルな現象とみなし、大洋に点在する島々のネットワークの全世界性を強調している）。

それを予防するためには何よりも、先に「切断線」とも「輪郭線」とも呼んだもののダイナミズムを見つめなければならないだろう。ユダヤと非ユダヤが分割され、双方がその差異を際立たせようとするときにこそ、その「共通性」を探らねばならない。といっても、「共通な」何かがあるわけではなく、それをむしろ発見し創出しなければならないのだ。本書で「類似」「無限小の差異」を話題にするのもそのためだ。それは関係がないかに見えるところに関係を見出すことでもある。モンテーニュは『エセー』で無辺広大な時空を描きながらも、自分は「私」のことしか書かなかったと言った。それと同じく、《ユダヤ》においても、各人の「私」のことが問題なのだ。

関係性、相対性への注視という点では、マックス・ウェーバー（一八六四―一九二〇）の『古代ユダヤ教』は今もなお、《ユダヤ》と呼ばれる集団の内的多様性、時間的「推移」に加えて、その周囲の諸集団との動的連関を重視した稀有な論考であり続けている。社会的法および宗教的説話は、この人間集団の動的連関のなかで変化していく。ウェーバーは

「流動であって明確な境界ではない」と何度も繰り返している。もちろん、それは《ユダヤ》に限ったことではないけれども。

†作話機能

たとえば、どんな人間集団も自身についての「作話」をおこなう。「作話《ファビュラシオン》」は哲学者アンリ・ベルクソン（一八五九―一九四一）の用語で、ベルクソンはスピノザのいう「歴史物語《ヒストリア》」を意識していたのではないだろうか。言葉によって、物語によってみずからの実在と現実を時間と空間双方の面で作成していく。社会が自己言及的に自分を物語って自分自身を根拠づけようとするのだ。ベルクソンは「作話」を「閉じた社会」の機能に限定し、新約ないし福音を例外とみなしたが、果たしてそうだろうか。私はそうは思わない。いわゆる旧約も、そして新約も「作話」であり「歴史物語」のひとつでしかない。宗教的次元でも、いや、そこでこそ、「言語論的・物語論的転回」が不可欠だと思うのだ。

ユダヤの創世物語は、例えばカリブ海の島々に生まれた神話や物語と較べて何ら優越性を持たない。自作（？）の物語とその解釈を、自分たちが生き延びることに援用したという点でも、他のさまざまな人間集団と異なるわけではまったくない。それをここでは「世俗性」と呼びたい。創世神話も神秘主義も、「真理とはある生物が生存のために仮構した誤謬である」というニーチェの言葉がある。それにならって言えば、ユダヤの創世物語も、結果的にユダヤ存続をもたらした知恵すなわち虚構であるというのが、ここでの世俗性の定義である。あえて言うなら、悲劇の代名詞のように言われるホロコースト、そこでもこの作話の英知は力を発揮したのだ。

✝来たるべき叡智

この点を筆者に教えてくれたのはレヴィナスである。「ユダヤ教にとっては、神との連関はいついかなる時にも人間たちとの連関の外では考えられない」（『歴史の不測』法政大学出版局、一六五頁）、というのだ。レヴィナスは「世俗性」「物質性」という視点をユダヤ教に関して強く打ち出し、「無名／旗なき名誉」という素晴らしいエセーのなかで、生存すること自体を非合法とみなされた戦時のユダヤ的経験から、三つの真理を引き出している。

「人間たちが人間的に生きるためには、彼らが生きている壮麗な文明よりも限りなく少ないもので足りる――これが第一の真理である。（…）しかし――これが第二の真理であるが――そしてこの真理も古来のある確信と古来のある希望と重なり合うものなのだが――かくも多くの価値の脆さが明らかになった決定的な時期にあっても、人間の威信はまさにこれらの価値の再興を信じることを本義としている。（…）しかし――これが第三の真理なのだが――文明ならびに同化が不可避的な仕方で復活した今となっては、私たちは、孤立したときにも強くあるために必要な力を、そんなときに脆い意識が断念せざるをえないすべてのことを、新しい世代に教えなければならない。」（『固有名』みすず書房、一八八―一八九頁）

ホモサピエンスはおよそ七万年前に出現した。ホモサピエンスに類似した動物が生まれたのは二五〇万年前、今やホモサピエンスは後千年存続できるかどうかとの疑問が提起されている。そのなかで、四千年という数字が大きいのかどうかはともかく、どんなに精神的なこと、神聖なることを語ろうとも、世俗性、身体性、物質性にあくまでこだわり、さまざまな危機のなかで、法のもとに生活の全体を位置づけ、「散在体《ディアスポラ》」をも選び取り、数々の強力な異端を生み出し、背教か殉教かの選択においては表面的背教を選び取り、更には非道な侵略者のレッテルを貼られながら、結果的に今日まで生き延びてきたある集団の知恵とその伝承、そのような視点から《ユダヤ》を語ってみたいと思うのだ。もっとも、私は本格的なユダヤ研究者ではないので、随分と偏ったヴィジョンを提示する、というよりもむしろ《ユダヤ》の縁を、そのなかに走った複数の亀裂を、通時的でも共時的・構造的でもない仕方で辿ることになるだろう。

極度に曲がりつつも折れることがない、と《ユダヤ》を形容したのはルートヴィヒ・ウィトゲンシュタイン（一八八九―一九五一）だった。「イスラエル国」とそれに付随するすべての事柄、いわゆる「パレスティナ問題」の圧倒的な重みを銘記したうえでなお、まだそこには、学びうる数多の叡智が蔵されているのではないだろうか。善と悪、悲劇と倫理、賛美と糾弾を超えてそれを考えてみたいのだ。

第 1 章

起 源——どこから来たのか?

――私の生は「暗い衝動」によって規定されているということです。私はその暗い衝動に「私のユダヤ教」という唯一の名前しか与えることができないことをはっきり意識しています。（フランツ・ローゼンツヴァイク）

私はどこから来たのか。私は誰であり、私が私であるというのは、どういうことなのか。これを問い続けることが《ユダヤ》だ。《ユダヤ》は、帰属と自己同一化という二重の意味での「アイデンティフィケーション」がどれほど複雑な過程であり、ある意味では不可能でさえあることを告げている。翻って言うなら、「アイデンティフィケーション」への苛烈な欲望を告げている。「私は私である」という自明性の解体はまた「他者は他者である」という自明性の解体でもある。こうして描かれる不可思議な人称の迷宮に踏み入ってみよう。

†レフ・レハー

ヘブライ語聖書は「ミクラー」〔読み物〕とも「タナッハ」とも呼ばれる。それは「旧約」（Old Testament）ではないし「バイブル」（Biblia）でさえない。「タナッハ」とは、「モーセ五書」とも称される『トーラー』〔律法〕と、『ネヴィイーム』〔預言者〕、『ケトヴィーム』〔諸書〕のイニシャルを合成した呼称である。そこでは《ユダヤ》の系譜はどのように語られているのだろうか。

ノアの方舟とバベルの塔の崩壊が語られた後、セムの系図とテラの系図が披瀝され、アブラムが登場する。ノアはアダムの子孫であり、セムはハム、ヤペテと共にそのノアの子孫である。セムの子孫のなかには、メソポタミアやシリヤの住人の先祖「アラム」に加えて、「エヴェル」という名の者がいるが、これが「ヘブライ人」の元祖である。「ハム」は「エチオピア」〔クシュ〕などを子孫としているからアフリカ大陸〔それだけではないけれど〕の人々の祖先。ヤペテの子孫には「ギリシア」〔ヤワン〕などが含まれている。いわゆる欧米人はこの系譜に属している。

ある固有名が、家系図におけるある人物の位置と地理的な場所の双方を意味していることに注目してほしい。《ユダヤ》の起源説話は系譜的連関〔時間〕と横断的連関〔空間〕との興味深い絡み合いをもって世界を描いているということが分かるだろう。

「エヴェル」は「動く者」「交換する者」を意味する。ただし、「川向うから来た者」を意味する「イブリ」「イヴリート」の使用は聖書期以後のことである。「イスラエル」はというと、アブラハムの息子イサクの息子ヤコブに神が与えた名前で「神（々）に勝つ者」の意味を持つとも言われている。英語のjewやフランス語のJuifやドイツ語のJudeなどは「ユダ」〔イェフダ〕から派生した呼称で、「ユダ」はヤコブの息子の一人、後に二つの王国のうち南の王国の名ともなった。けれども、《ユダヤ》「ユダヤ教」に相当する「ヤハディート」という語はヘブライ語聖書にもラビ・ユダヤ教の『ミシュナー』や『タルムード』にも見当たらないといわれている。

テラは故郷のカルデアのウル（メソポタミア南東部の湿地でウルはユーフラテス川の河口近くの町）を離れて、アブラム〔後にアブラハムとなる〕とその妻サライ、息子のハラン、孫のロトと共にカナンに向かい、その途上、ハランという孫と同じ名の町にとどまり、そこで没する。アブラムの妻サライと言ったけれど、サライもテラの娘だから近親婚だったことになる。

テラの死後、「レフ・レハー」という命令が下る。「断じて行け」「行きなさい、汝のために」——故郷も父の家も離れて、わたしが示す地に行きなさい、との命令である。こうして故郷に戻ることなき道行《みちゆき》が始まった。それにしても、出世魚のように名を次々と換えるこの「ユダヤ人」とはいったい誰だろう。バビロニア捕囚あたりに「ユダヤ人」のアイデンティティの断絶を見る者もいるが、それは単一的・斉一的なものなのかどうか。そもそも、このように問うことに意義はあるのか。それを考えてみよう。

†「散在体」と人類の未来？

アブラハムの出奔はその子孫たちによって引き継がれた。エジプト捕囚、エジプトからカナンの地へ向けての脱出、砂漠での律法の啓示を経て、ダビデによるエルサレムの征服とソロモンによる第一神殿の建設、バビロニア捕囚から第二神殿崩壊へと続き、ペルシャ帝国やローマ帝国による支配に至り、アレクサンドリアなどエルサレム以外の地域へのユダヤ人たちの離散の時期を迎え、今日に至っている。このような「離散」のことを「ディアスポラ」と呼ぶ。

「ディアスポラ」は「撒種《さんしゅ》」、つまり種を撒くことを意味するギリシャ語だ。ユダヤとの連関では『ギリシャ語訳七〇人訳《セプトゥアギンタ》聖書』にまず登場し、その後、キリスト教紀元前六世紀のイスラエル王国第一神殿崩壊以降周辺地域に撒き散らされたユダヤ人たちの生存形態＝離散――ヘブライ語で「ガルート」（追放）と呼ばれる――を指すために用いられてきた。近年は、「ブラック・ディアスポラ」「アイリッシュ・ディアスポラ」「オキナワ・ディアスポラ」など、ある地域への共同居住からの切断を表す語として広く使用されている。ほかでもないイスラエル国の誕生と入植地の拡大によって居住地を追われた「パレスティナ人」についても「ディアスポラ」という語が使われる。不謹慎だけど、近い将来「シリア・ディアスポラ」などという表現が生まれるかもしれない。

ただ、それ以前にもすでに、歴史家アーノルド・J・トインビー（一八八九―一九七五）は、ユダヤ人の離散のみならず中国人、アルメニア人、レバノン人、ゾロアスター教徒などの離散をも踏まえつつ、「国民国家」から全面的「ディアスポラ」を経て「世界国家」に向かう途を人類の平和な存続のための唯一の途とみなしていた（『現代が受けている挑戦』新潮文庫）。そしてその観点から、彼はイスラエル国の創設を退歩として非難してもいる。

トインビーの問題提起は今も回答がないまま存続している。シュロモ・サンド（一九四六―）のような在イスラエルの歴史家によって、「離散」と「追放」の筋立てがユダヤの歴史家たちの発明ないし捏造であったとの説も提起されているけれど、アレキサンドリアから上海やニューヨークまで、世界の名だたる都市のほとんどに、ある時期、何らかの経緯でユダヤ人と呼ばれる者たちが住み始めたことは間違いない。アムステルダムもプラハもそんな都市のひとつである。

スペイン王位を継承したフィリペ二世によるオランダ支配が強化されるのに対して、オランダが反スペインの戦争をしかけたのは一五六八年のことだった。反スペイン戦争は一六四八年ウェストファリア条約によって終止符を打たれ、オランダはスペインから独立しアムステルダムは世界的な貿易港となった。一方、一四九二年にスペインからのユダヤ人追放令が出されて以降、イベリア半島ではユダヤ人追放の動きと異端審問が激化し、セファラディームと呼ばれるユダヤ人たちは様々な方位に散っていった。アムステルダムにユダヤ人共同体が形成されたのは一六〇二年頃からとされており、スピノザ〔エスピノザ〕家もそのような移民ユダヤ人のひとつなのである。

†スピノザと民族――『神学・政治論』

一六七〇年に匿名で出版されたスピノザの『神学・政治論』の最終章にはこう書かれている。

「この町〔アムステルダム〕はあらゆる民族が目を見張るほどの成長に身を委ねながら、こうした自由の実りを味わっている。この繁栄の極みにある国、この際立って優れた町では、民族や宗派を問わず、あらゆる人たちがきわめて仲良く暮らしているのである。」（光文社古典新訳文庫、下三一九頁）

ここにいう「民族」（natio）に、ユダヤ人は数え入れられるのだろうか。なぜこんな問いを提起したかというと、まさにスピノザはユダヤ人共同体から「破門」された人物であり、また、ここに描かれた「民族」なるものは個人を何ら拘束しないかのように描かれているからである。実を言うと、スピノザは、なぜユダヤ人たちは律法に背きその国は滅ぼされたのかを問うて、「それはこの民族が頑固だったからだ」という答えの幼稚さを指摘したうえでこう記しているのだ。

「そもそも、どうしてこの民族は、他の諸民族よりいっそう頑固だったのだろう。自然にそうなっていたとでもいうのだろうか。しかし自然が生み出すのは民族ではなく一人一人の人間である。人は確かに民族に分けられるけれども、それは言語や法律や身についた習慣で分けられるにすぎない。それぞれの民族が独特の気質、独特の境遇、さらには独特の偏見を持つことになったのは、ひとえにこの最後の二つ、つまり法律と習慣によるのである。」(同右二二三四頁)

このうえもなく重要な一節がここにある。「民族」(natio)という語は「生まれる」という語から派生したものだ。けれども、それはスピノザによると、最初から存在するものではなく事後的に成立したものである。ということは、そう成らない、あるいは別様に成ることもあるということだ。『国家論』でのスピノザは、「われわれは国民に生まれるのではなく、国民に成るのだ」と明言している。これを「生成の論理」と呼ぶことにしよう。

「国民」よりも生物学的な「人種」という観念にしても、自然が自然化する過程に人間が含まれている限りやはり成ったものだろう。しばしば語られてきたように、ユダヤ人もしくはユダヤ教徒に関しては、「民族」「国民」「人種」、更には「信徒」といった集合名詞、集合範疇《はんちゅう》のどれにも一義的に帰属させることができない。ひとは一方ではある厳格な制度的手続きを経てユダヤ教徒になるのだが、他方でユダヤ人の母から生まれた者がユダヤ人でもある（両親または祖父母の誰かがユダヤ人ならユダヤ人としたのが「ニュルンベルク法」である）。「ユダヤ人はユダヤ人だ」「ユダヤ人とはユダヤ人とみなされた者だ」という無意味な同語反復がしばしば持ち出され、「鶏が先か卵が先か」という決定不能な事態が生じるのもそのためである。

けれども、むしろこの不可能こそが肯定的な意味での《ユダヤ》なのではないだろうか。「生成の論理」は「民族」「国民」「人種」といった観念がいずれも、ある種の偶然性、別様でありうる可能性、もっと言えば想像的虚構性を示している。それは言うまでもなく「日本人」「アジア人」など「〜人」という言い方すべてに当てはまることなのだ。

†個体とアイデンティティ

では「個人」「個体」の観念に問題はないのかというと、決してそうではない。スピノザは『エチカ』のなかで、「個体は極度に複雑な複合体である」と言っている。「民族」などの集合観念と同様、「個人」も複雑極まりない仕方で成ったものだ。スピノザは「個体」を「様態《モード》」と呼んでいるが、それは幾度も変態を重ね、厳密に言うなら一時たりとも同じものではありえない。つねに暫定的で、それゆえつねに断片的なのだ。だからこそ、「配置」という視点からこの「様態」には「私」「あなた」などの人称が付けられるのだが、そうなると今度は、「個人」「個体」の各々が、その存在のある期間、「私は」と発語したり、「自己《セルフ》」を持っているあるいは「自己」であると考えたりするのを当たり前のことのように思い込んでしまう。

とはいえ、誰もが自分は何者なのか、「私とは誰なのか」と自問した経験があるはずだ。そのとき、「私は男である」「私は教師である」「私は日本人である」など様々な答えがありうるだろう。この答えは、ある集合の要素のように「私」をその「帰属」によって説明しようとしている。このように、何に、誰に「帰属」するかによって示される「私」の何たるか、それを「アイデンティティ」と言う。

ただ、「私は〜である」型の回答をどれほど連ねようとも、「私」が何であるかは分からない。それに、たった今「民族」などについてそれが「すでにあるもの」ではないことを指摘したばかりだ。どれほど「私は〜である」と確信しようとも、おそらく誰もが「私」の何たるかがこれでは少しも明らかにならないことに気づいている。「帰属先」を強調する者は実は「帰属」の脆さを痛感しているのではないだろうか。

そこで、先ほどと同様「私は私である」という空疎な肯定、あるいは逆に「私などない」という否定がなされる。肯定否定それぞれについて多様な立場がありうる。肯定について言えば、「私は私である」と居直る者もいれば、この断ち切れない絆を断って「私は私である」から逃走しようとする者もいる。レヴィナスはそのような逃走を語った哲学者のひとりであった。「私」というものがすでにあって、それが「メランコリー」など様々な症状を呈するのではなく、「私が私であること」が分からなくなること、それが「スキゾフレニー」だと言っていいだろう。

†今またエリクソン

もう三〇年以上前のことだが、ユダヤ系の心理学者エリク・エリクソン（一九〇二―一九九四）のいう「アイデンティティの危機」が大いに話題になったことがある。今でも、やはりとても重要な観念だ。彼の提唱するライフサイクル論では、一歳までの乳児につきつけられた問いは「世界を信じることができるか」、一歳から三歳までの幼児にとっては「私は私でよいのか」、一一歳から一九歳にかけての思春期には「私は誰か、誰でありうるか」、そして六五歳以降の老年にとっては「私は私でよかったのか」だとされている。要は人生はいつも「アイデンティティの危機」なのである。

後で取り上げるエドワード・サイード（一九三五―二〇〇三）は、「パレスティナ人」たちにとって、「アイデンティティ」、というよりもむしろ「アイデンティフィケーション」は極度に複雑な過程である、と言っている。けれども、これも「パレスティナ人」に限ったことではない。誰にとってもそうなのだ。これが自分か、と驚くことは日常茶飯事ではないだろうか。自分が自分で分からなくなることも。各自にとっての「アイデンティフィケーション」の過程は同程度に複雑だが、しかし別様に複雑なだけだ。そして、そのことを鋭く問い続けたのがここでは《ユダヤ》なのである。

割礼を初めとして、「帰属」の基準を厳格化し、「われわれ」を構成するすべての個人を、不可視の「唯一の神」の前に位置づけ、「血」と名づけられた伝承の純粋さを求めること、キリスト教とはちがって異教徒たちへの宣教をも拒むこと。「アイデンティティ」の本質的危機の感受がなければ、そのような操作はおよそありえなかっただろう。

†プラハのユダヤ人街と城

「アイデンティティ」と言っても、それは抽象的な事態ではない。毎日、顔も含めて自分の身体を映し見たり、声を否応なく聞いたり、臭いを嗅いだり、皮膚に触ったり、内臓の違和を感じたり、いつも身体がそこには伴っている。その際、鏡に映る像をよく利用することが示しているように、身体とは「身体イメージ」にほかならない。自分自身の「身体イメージ」と自分以外のものについての「身体イメージ」があるけれども、それらは分かちがたく絡み合っている。各人の好みにすぎないとの思いを植え付けながら、この「身体イメージ」を操作すること、抵抗するかに見えてそのような操作をどこかで促すこと、それが「社会」だと言っても多分言いすぎではない。《ユダヤ》もそのようなイメージ化の対象となってきた。鏡に映る私の像が他者の見ている私であり、それゆえ他者の欲望の投影であるように、《ユダヤ》もある社会が排泄物のように投影したその欲望としてイメージ化されるのだ。

シェイクスピア（一五六四―一六一六）の『ヴェニスの商人』のシャイロックはどんなイメージを持たれているだろうか。恥ずかしいし、怒られるかもしれないけれど、思い出すことがある。『スター・トレック』のスポック博士（演じていたのはウクライナ出身のユダヤ人レナード・ニモイ）の尖った耳。一〇代後半に『審判』を読んだとき、そこに付されていたフランツ・カフカ（一八八三―一九二四）の写真、その耳とが筆者のなかで交響してしまった。レヴィナスの耳もそこに重なってしまった。容易に「身体イメージ」は払拭できない。ユダヤ人作家カフカはそれを痛いほど分かっていたひとなのかもしれない。

チェコ南部のボヘミア地方を流れるヴルタヴァ（モルダウ）川。川はプラハを貫いている。そこに架かるカレル橋の東岸、川の流れから少し南にプラハのユダヤ人街はある。「ユダヤ人街の時計の針は逆向きに回っている」とギョーム・アポリネール（一八八〇―一九一八）が歌ったその時計台があるのは旧新シナゴーグと呼ばれる建物で、その屋根裏には人造人間ゴーレムが眠っているという。彩色美しいスペイン・シナゴーグもある。しかし、このユダヤ人街で圧倒的な印象を与えるのはやはり一万を超える墓石の集積であろう。

ベルリンのポツダム広場にホロコーストを記念した広場があって、そこには、どれ一つ同じではない石が迷路のように置かれているのだが、少なくとも筆者のなかでは、プラハのユダヤ人墓地とベルリンのポツダム広場はしっかりつながっている。そして、その出来《でき》についてはは好悪が大いに分かれるだろうが、墓地の近くピンカス・シナゴーグの正面に、生涯をプラハで過ごしたカフカを記念して、その黒い像があるのだ。カフカ・ミュージアムは対岸である。そしてその向こうの小高い丘の上に聳えるのがプラハ城だ。ああ、あれが城なのか、と深い感慨を覚えたことがある。

†身体イメージとその変容

身体は身体イメージである、というのは、「観念は身体の観念である」というスピノザの言葉の言い換えではないだろうか。身体イメージは急変することがある。もう長く繙《ひもと》いていなかったけれど、やはりこの点で圧倒的な印象を私に与えたのはカフカの『変身』だろう。何しろグレゴールは「虫」(原語はUngeziefer で家禽になりえない有害な小動物、害虫を指す)にある朝なってしまうわけだし、その自己イメージがどうやら他人にとっても現実になるのだから。自分は他人にこう思われている、自分が(自分を)こう思っている、が相俟って「現実」を作り上げる(この点については、梁石日『アジア的身体』平凡社ライブラリーを参照)。恐ろしい物語だ。『流刑地にて』も、『断食芸人』も身体即身体イメージの話ではないだろうか。ある意味では父親に殺されるグレゴール。それは父親の姿を彼が具現して見せたからかもしれない。

　一六世紀の人造人間ゴーレムの伝説を下敷きとしながら、ユダヤ人ゲットーとそこに住む人々の独特な雰囲気を描き出したベストセラー小説が、グスタフ・マイリンク(一八六八―一九三二)の『ゴーレム』(一九一五年)である。アタナージウス・ペルナートという精神を病んだ青年のもとに、謎の人物が訪れる。フロイトであれば「ドッペルゲンガー」と言うだろうけれど、ペルナートはこう言う。「誰が今私なのか。」

「誰が今私なのか」――もうひとつ、筆者がとても好きなカフカの短編に『橋』がある。

「私は橋だった。冷たく硬直して深い谷にかかっていた。こちらの端につま先を、向こうの端に両手を突きたてて、ポロポロ崩れていく土にしがみついていた。風にあおられ裾がはためく。下では鱒の棲む渓谷がとどろいていた。こんな山奥に、はたして誰が迷いこんでくるだろう。私はまだ地図に記されていない橋なのだ――だから待っていた。待つ以外に何ができる。一度かけられたら最後、落下することなしにはどこまでも橋でしかない。」

「橋」は、何かと何か、誰かと誰かをつなぐ関係性の喩えである。多くの場合、たとえばまず「私」と「あなた」という二つの項があって、その間に様々な関係が結ばれると考えられる。けれども、カフカの『橋』ではあたかもネガとポジが入れ替わるかのように、関係性そのものが「私」とみなされているのだ。二つの端を持って両岸いずれにも架けるものとして「私の身体」がイメージされている。

境界や限界の重要性についてはすでに序章で書いた。橋は何かと何か、誰かと誰か、どこかとどこかをつなぐ危うい存在だ。だが、もっと言えば、むしろ橋によって際立つ奈落が、それによって繋がれるものそれ自体を生み出すのだ。みずからを差異化するがゆえに、橋は変身をやめない。分離壁となることさえある。カフカ作品でいえば『巣穴』や『家父の気がかり』や『歌姫ヨゼフィーネ』に登場するオドラデクなど奇妙な生き物たち、すべてが橋の変身なのではないだろうか。カフカの短編はタルムードの「アガダー」（寓話、説話）に則ったものといわれる。

†マックス・ウェーバー『古代ユダヤ教』

マックス・ウェーバーは『古代ユダヤ教』でユダヤ人がカースト制度のない環境における「パーリア」〈賤民〉的な「客人民族」と化していく過程を描き出した。その時に出発点としたのも、この「橋」のような中間的集団であった。「一方では、土地居住民として、都市貴族、および自由な定住農民や賦役・貢納義務ある定住農民——かれら農民は穀物、諸果実、ぶどうを栽培し、牛を飼う——があり、他方では、駱駝を飼う自由なベドウィン〈砂漠の遊牧民族〉があるが、まだこの中間には、近代にいたるまで地中海地域のあらゆる地方に特徴的である一つの社会層があるのである。それは半遊牧民的小家畜飼育者、くわしくいえば羊と山羊を飼う者たちにほかならない。」(『古代ユダヤ教』岩波文庫、上巻、一一〇頁)

たとえばカインは農耕民でアベルは牧羊者である。ベドウィンほどではないにせよ、牧羊者も移動しなければならず土地の永続的所有は困難だ。アブラハムは牧草地使用権を契約にもとづいて各地を転々とした「寄留者《ゲール》」で、最後に長い談判を経て世襲墓地をヘブロンに得たにすぎない。イサクもその井戸の場所を変えねばならなかった。ヤコブは天幕に住む家畜飼育者だが、その兄エサウは農夫となる。

この中間層から定住農耕へ、都市的主人氏族へと様々な推移が存在したのだとウェーバーは言う。それは小家畜飼育者たち、つまり武装市民の間に介在した権力なき「寄留者」が周囲と契約を結んだことを意味し、対内的には誓約的連合、対外的には軍事的連合を形成していく過程でもあった。「ヤハウェ」という神は、その過程においてモーセによって組織された礼拝制度とそれに基づく軍事連合が新たに受け入れた神であった。この「ヤハウェ」はイスラエルにとっては疎遠な名前である、とした後で、ウェーバーは「イスラエルの牧者」モーセについてこう書いている。

「「モーセ」ということばも「ピネハス」〔『サムエル記』に登場する祭司〕と同じくエジプトの名であり、伝承では、「クシびと」であるかれの妻ゆえにモーセは、弟のアロンと妹のミリアムから非難されている。これこそは祭司の門閥のあいだにおこなわれた古い抗争の名残りを示す一例であって、おもうに、これはのちになってもなお、ヤハウェとその祭司が、まったく、またはなかば、外国からきたものと考えられていた、ということが、それらの祭司門閥の間に永く知られていたことを示すのである。もちろんパレスティナやシナイの砂漠にエジプトの勢力が優勢であったある時代にエジプト名が存在するからといって、こうしたエジプト名は、この連合の創始者モーセや、ましてその神が、エジプト起源であることを、それほど証明するものではない。」（同右三〇一―三〇二頁）

†天文学者

オランダの画家ヨハネス・フェルメール(一六三二―一六七五)に、一六六八年頃に描いたとされる、『天文学者』という絵がある。絵の分析は進んでいて、机上に置かれた書物が何であるかも、天体儀が誰の作かも、それに触れている人物が誰かも、壁に掛けられた絵が何を描いているかも、すでにおおよそ判明している。画中の人物はレーウェンフック(一六三二―一七二三)だというのだが、レーウェンフックは顕微鏡を発見した科学者であるから、天体学者というならむしろホイヘンス(一六二九―一六九五)ではないかと思ってしまう。

ところが、フランスの哲学者ジャン＝クレ・マルタン(一九五八―)は『フェルメールとスピノザ』(邦訳『永遠の公式』以文社)という本のなかで、この人物がスピノザそのひとかもしれないとの仮説を提起しているのだ。仮にそうだとすると、実におもしろい組み合わせが絵のなかにあることになる。というのも、壁に掛けられた絵の中の絵は「モーセの発見」という題の作品だとされているからだ。エジプトの王女によって川から引き揚げられるモーセ。そして、スピノザは一一―一二世紀スペインのユダヤ教学者イブン・エズラ(一〇八九―一一六七)の説を受け継いで、「モーセ五書」――『創世記』『レヴィ記』

『出エジプト記』『民数記』『申命記』――を書いたのがモーセではありえないことを、『神学・政治論』のなかで、論証している。

「モーセ自身が後世のため手厚く守るよう指示したのは律法をまとめた小文と歌だけに限られており、またモーセ五書には彼に書けたはずのない箇所が多数見られる。これらのことから考えて、モーセがモーセ五書の著者だと確かな根拠を持って主張することは誰にもできないのであり、そのような主張は理性に真っ向から反すると結論するしかない。」（上、三七六―三七七頁）

†フロイトの遺言――『モーセと一神教』

ウェーバーの『古代ユダヤ教』は一九二〇年に遺稿として出版された。それから一三年後、ナチス党が政権を取った年に、ポーランド出身のユダヤ系作家アルノルト・ツヴァイク（一八八七―一九六八）に宛ててフロイトはこう書き送っている。「新たな迫害に直面して人びとはまた、いかにしてユダヤ人は生まれたのか、なにゆえにユダヤ人はこの死に絶えることのない憎悪を浴びたのか、と自問しております。私はやがて、モーセがユダヤ人をつくったという定式を得、私の作品は「モーセという男――一つの歴史小説」という題をつけられました。」

実際にはフロイトのこの論考ないし小説は、「モーセ、ひとりのエジプト人」、「もしもモーセがひとりのエジプト人であったとするならば……」という題で一九三七年雑誌『イマーゴ』に掲載された。一九三八年、ゲシュタポによる妨害が続くなか、第三章「モーセ、彼の民、一神教」を含む『モーセと一神教』〔原題は『モーセという男と一神教的宗教』だが、邦訳のタイトルに従う〕の未完稿に「一日一時間だけ」だがフロイトは手を入れ続け、同年六月のロンドン亡命後も作業を継続。日本語版訳者の渡辺哲夫によると、この本の内容に関する噂はこの頃すでに広まり、モーセを心の支えとして生きようとしていたユダヤ人たちを不安に陥れた。

ラビ・ユダヤ教の研究者市川裕は、イスラエル留学中に、ほとんどすべてのユダヤ人が「モシェ・ラッベーヌー」〔われらが師モーセ〕と呼んでモーセへの敬愛を示すことに多大な感銘を受けたと語っている。そのモーセがユダヤ人ではない、とフロイトは言ったのだ。フロイト自身、みずからの試みがどれほど衝撃的なものであるかを熟知していた。「ある民族の子孫たちが彼らにとって最大の存在と見なし、誇りに思っている人間に対して不遜な論難を加えるなどということは決して好きこのんで、あるいは軽率に企てられるべきではない。とりわけ、自身がその民族（Volk）に属している場合は、なおさらであろう。しかしながら、いわゆる民族的利益のために真理をないがしろにすることは、どのような先

例があるにもせよ、避けるべきである。」(『フロイト全集』岩波書店、二二巻、三頁)
二〇世紀を代表するユダヤ系哲学者のマルティン・ブーバーは即座にフロイトに抗弁した。「フロイトのような、その分野において著名な研究者が『モーセと一神教』といった全く非学問的な、根拠のない仮説の上に立って書かれた書物を公にする決意をなしえたことは、不可解で遺憾なことである。」(『モーセ』日本キリスト教団出版局、二五一頁)
ウェーバーも示唆していたように、「モーセ」はエジプト語で「子供」を意味する。ただ『出エジプト記』二・五では、ユダヤ人の男児はすべてナイル川に遺棄せよとのファラオの命が下った後、レヴィ人の夫妻が河畔の葦の茂みに隠した男児を、ファラオの妃が見つけ、「モーセ」(ヘブライ語で「水から引き揚げられた者」の意)と命名して育てた、とある。エジプトの王の妃がヘブライ語由来の命名をなしたという想定自体が不合理極まりないのだけれど、フロイト以前に、エジプト名の持ち主はエジプト人であるという当然の帰結を導いた者は誰一人いなかった。それほどまでに、モーセのユダヤ人アイデンティティは確固たるもの、あるいは犯してはならないものとみなされてきたということだ。
フロイトは『トーテムとタブー』(一九一三年)で展開される考えをオットー・ランク(一八八四—一九三九)に委ねて、彼に「英雄誕生の神話」(一九〇九年)を書かせた。それによると、「英雄《ヘルト》」は多くの場合「王子」もしくはそれに類した存在だが、彼は父たる王にとっての脅威でもある。そのため父またはその代理によって、箱に入れられ水に流されるが、動物や卑しい身分の人物（牧者）によって救われたり、雌の動物もしくは低い身分の女性によって乳を与えられたりすることで、その後高貴な両親に再会し、父への復讐を果たす一方で偉大な権力と栄光を得る。

ところが、モーセの場合は現実の家と育ての家との配置がこれとは逆になっている。エジプト人にとっては「モーセ」をユダヤの英雄にすることは何ら問題になりえないから、これはユダヤに由来する伝説である。ユダヤ陣営はモーセを英雄たらしめる神話的手続きを遵守しつつその配置を逆転させた、とフロイトは言うのだ。

†モーセはエジプト人？

モーセはエジプト人である。実際モーセはユダヤ人とは異なる言語使用者であり、アロンがその通訳を務めている。フロイトによると、モーセはおそらく国境地帯の総督のごとき存在であった。だから、エジプトに流入してくるセム系の移民たちと接触を持つ機会が多かったはずだ。

さて次がフロイトの第二の仮説なのだが、モーセは、かつてエジプトでイクナートンの時代に興隆しほどなく消滅した一神教的アトン教を復活させるために移民たちを組織し、彼らをエジプトから連れ出したというのである。宗教も、そして割礼も——この点ではモーセ自身が大いに問題になるのだが——エジプトからこの新たな集団に与えられたのだ。

けれども、犠牲も儀式も拒み、信仰のみを、真理と正義のみを求めるこの高度に倫理的な宗教に耐えるのは、黄金の子牛という偶像の製造が示すように、彼らにとっては極めて難しく、そこで彼らはモーセを殺してしまった。これが第三の仮説であり、それは『トーテムとタブー』で提示された「原父殺し」に相当する。この殺害はユダヤ人たちによって否認され忘却されるが、個人における神経症の場合と同じく、この抑圧されたものは潜伏期を経て回帰する。それがいわゆるユダヤ一神教である、というのがフロイトの第四の仮説なのだが、それが成立するためには、実際に起こりながらも忘却され抑圧されたもの、すなわち後天的な経験が子孫に遺伝的に伝承する可能性が認められねばならない。そして最後に、ユダヤ人迫害の原因として、次のような仮説が提示される。

「まったく許し難いとされるのは、〔これとは別の〕ユダヤ人における二つの特徴である。第一の特徴とされるのは、ユダヤ人が多くの点で彼らの「主人民族」と異なっていることである。しかし、根本的に異なっているわけではない。ユダヤ人は、敵が言い立てているような異種族のアジア人などではなく、地中海の諸民族の子孫から構成されていると考えてまず間違いないのであり、地中海文化の後継者なのである。しかし、ユダヤ人はそれでもなお異なっている。ほとんど定義できないようなかたちで特に北方諸民族と異なっているとされる。そして、奇妙に目につく事実なのだが、集団が示す不寛容というものは、根本的な差異（fundamental Differenzen）に対してよりも、むしろ小さな相違（kleine Unter-shiede）に対して、よりいっそう強く現れるのである。」

†父と子

フロイトはなぜこのような考察をその安楽死に先立って書いたのだろうか。実は前出のツヴァイクに向けて、フロイトは一九二九年には、自分はもう本を出版することはないと言っていた。それはフロイトとその父とのあいだのオイディプス的性格に終止符を打つもので、遂に彼はみずからのユダヤへの帰属を拒絶したのだと言う者は少なくない。けれども、『モーセと一神教』の冒頭でフロイトは「自分がその民族に属している場合は」と明言している。この点でフロイトの両親、彼の幼年時代についてのイメージを刷新し、通説とはむしろ正反対の解釈の可能性を提示したのがヨセフ・ハイーム・イルシャルミ（一九三二―）の『フロイトのモーセ』（邦訳、岩波書店）である。

フロイト自身の告白とはちがって、幼いフロイトは母親とはイディッシュ語で会話していた。また、父親のヤーコプ（一八一五―一八九六）はこれまで想定されてきたより以上にヘブライ語やユダヤ教に通暁した人物だった。「一八九一年、フロイトの三五歳の誕生日に、父親は尋常ならざる贈り物をした。ジーグムントが子供の頃に学習していたフィリップゾーンの聖書を皮革で装丁し直し、みずから入念に作り上げたヘブライ語の献辞を記したのである。」(『フロイトのモーセ』一五八頁)

イルシャルミはこの献辞の全文を紹介し詳細に分析している。ヘブライ語聖書やラビ文献からの様々な引用を織り込んで文章を書く「メリツァー」という手法をヤーコプは用いているという。つまり、フロイトの父親はフロイトに対して、ユダヤ的な修辞をもって、ユダヤ的な知を継承することを要請したというのである。

「私にとって親愛なる息子、シュロモー。おまえの人生をなす日々年々が七つを数えたとき、主の霊がおまえを動かし始め、おまえの中でこう言った。行け、わが書きしわが本を読み込め、そこで理解と分別と知恵の源が一気におまえに開かれるだろう、と。(…)それ以来、この本は石板の破片のごとく箱に納められて私のもとに保管されていた。おまえの年齢が五と三〇を満たした日のために、私はこれに新たな皮革の覆いをかけ、そしてこう呼びかけた。「湧き上がれ、おお、井戸よ、汝らこれに向かいて歌いたまえ!」私は今これを記念しておまえに贈り、おまえの父からの愛の思い出とする、終生終わらぬ愛でもっておまえを愛する父。」(同右一五九頁)

ヤーコプはこのとき七五歳。五年後に逝去するのだが、それを機に、フロイトは神経学者から「魂のケア」へと移り、友人の耳鼻咽喉科医・外科医フリース（一八五八―一九二八）とともに自己分析も開始する。フロイトはその後も父のこの要請を真剣に受け止めることがなかった。そしてイルシャルミによると、『モーセと一神教』こそフロイトが晩年に至ってようやく父の要請を「事後承服」したことの証しなのである。

この遺稿はオイディプスコンプレクスの清算でもユダヤ教との決別でもまったくない。フロイト自身「私は先祖の宗教から長いこと離れておりますが、それでも自分の民族と繋がっているという感情は一度も失ったことがない」（イタリアの神経学者エンリコ・モルセッリ宛ての一九二六年の書簡）と書いているように、たとえ『モーセと一神教』がフロイトと「ユダヤ教」との決別の最後の証しだとしても、フロイトの「ユダヤ人」への帰属はそれによっていささかも否定されないのだ。これは取りも直さず、フロイトのモーセ論が「ユダヤ人」なるもののアイデンティティに何ら変更を加えるものではないという意味でもある。

モーセ殺しというフロイトの主張についても、イルシャルミは、もしそうならユダヤの伝承はそれを隠蔽などしなかったとしてこの主張を否定し、そもそもフロイトの学説においては兄弟殺しが主題となっていないと指摘している。要するにモーセ殺しはなかったということだ。

†イルシャルミ説への疑義

たしかに、新たな資料を提示してくれたという点ではイルシャルミに感謝しなければならない。けれども、彼は『モーセと一神教』という論考それ自体を抹殺しているのではないだろうか。フロイト最後の論考は、まさに「ユダヤ教」との疎遠ゆえに「ユダヤ教」に何ら変更を加えないのと同様、「ユダヤ人」へのフロイトの変わらぬ帰属ゆえに「ユダヤ人」であることにも何ら変更を加えなかった、ことになるのだから。

でも、果たしてそうだろうか。先に「アイデンティフィケーション」の話をした。自分が自分である過程に他人が入り込んでくる、しかも、そこにお互いの生死が懸かっていることを発見したのがフロイトそのひとではないだろうか。それに、「それ（Es）があったところに我（Ich）が成らねばならない」とフロイトは言ったけれど、これはまさに生成の観点なのだ。そうだとすれば、ユダヤ人はユダヤ人になった、としか言いようがないはずで、その限りで、始まりを築く者、定礎者は「（まだ）ユダヤ人ではない」ということにならざるをえない。それは「始まり」の逆説そのものなのだ。

そもそも、《ユダヤ》とは「始まり」の逆説そのものではないだろうか。『創世記』もそうだろう。だから、フロイトがモーセを非ユダヤ人としたことは、モーセがユダヤ人にとって最大の人物、それどころか、「ユダヤ人」の創設的人物だという認識とまったく矛盾しない。

もうひとつ考えねばならないのは、何でもそうだが、否定的なことを言わないのが何かを大切にすることでは必ずしもないということだ。もっと言えば、大事なものが危機的状態になるからといって、それを甘く見ることが救済に資するわけではない。フロイトは、モーセの宗教の高度な倫理性を語り、それにひとが耐えられないかもしれないと言っているけど、「隣人愛は人類最大の抑圧装置である」という彼の考えに変わりはありえない。『モーセと一神教』のなかで、フロイトが個人および集団の神経症としてのみモーセの宗教を捉えているのを忘れてはならない。後で取り上げるけれども、「小さな相違」ゆえのユダヤに対する憎悪にしても、非《ユダヤ》からの一方的な現象なのかどうかは分からない。斉一的集団の不可能性、そして、神経症からの脱却、それはまさにフロイトの最大のキーワードである「寄る辺なさ」(Hilflosigkeit)と「リアルなもの」を、耐え難い痛みとともにある意味では愉快に認知するということだ。先にそれをアモールと呼んだ。そこに、ヤーコプの促しへのフロイトの肯定的な応答を見たとしてもきっと間違いではないだろう。

†二律背反

『モーセと一神教』をめぐるイルシャルミの新解釈への疑義を記したけれど、彼の解釈からとても重要なことを引き出した人物が少なくとも二人いる。ひとりは、アルジェリアに生まれたフランス国籍のユダヤ系哲学者ジャック・デリダ（一九三〇―二〇〇四）であり、いまひとりはエルサレムで育ち追放後アメリカ合衆国で活躍したパレスティナ人思想家エドワード・サイードである。ちなみにデリダは『デリダ、異境から』、サイードは『OUT OF PLACE』というタイトルの映画でその人生が描かれている。

まずデリダである。カフカの短編を意識して「アブラハム、他者」と題された講演で、デリダは、イルシャルミがフロイトに見出した「ユダヤ教」〈神〉なき「ユダヤ人」の可能性を自分自身には認めず、「ほぼユダヤ人」という奇妙な言い方で、「ユダヤ教」についても「ユダヤ人」〈ユダヤ性〉についても自身の帰属を「帰属なき帰属」と呼んでいる。「ユダヤ教」も「ユダヤ人」もドイツ語では「ユーデントゥム」(Judentum)である。けれども、「ユダヤ教」の教義を遵守し実践することなき「ユダヤ人」もいる。今「ユダヤ教」をA、「ユダヤ人」をBとすると、A＝Bであると同時にA≠Bであることになる。その結果、「Aであれば当然Bである」、「Aでなければ当然Bでない」（シモーヌ・ヴェイユの事例）という事態に加えて、「AであるがBではない」、「AではないがBである」という事態が生じることになる。この点でデリダは、「AではないがB［A］ではある」から「AでもB［A］でもない」へ移動したと言えるだろう。更にデリダは、「マラーノ」（おそらくは豚を意味する）という、イベリア半島のキリスト教に改宗せるユダヤ人に充てられた蔑称を自分に適用しながら奇妙なことを言っている。

「自分のことをこう紹介しましょう。すなわち、もっとも少なくユダヤ的である者、もっともユダヤ人にふさわしくない者、本来的なユダヤ人の称号に値する者のなかで最低（最後）の者、と同時に、そうであるがゆえに、場所との、局地的なもの、家族的なもの、協同的なもの、民族的なものの等々との、根こぎ的で普遍主義的断絶の力ゆえに、万人のなかでもっともユダヤ的な役割を担うことを楽しむ者（…）、と。」（『最後のユダヤ人』未來社、九四頁）

デリダ自身それを「二律背反的な掟」と呼んでいるのだが、彼は「〜でも〜でもない」という二重の否定から、「A（あるいはB）でなければないほどより多くA（あるいはB）である」へと移動している。言い換えるなら、「できるだけユダヤ的でないようにせよ、そうすれば、いっそう、またより良くユダヤ的になるだろう」（同右九五頁）というのである。

デリダとサイードの二人をつなぐ環となるような話を次にすることにしよう。

†アルジェリアのフランス人たち

一九六一年三月、アルジェリア戦争が続くなか、『アルジェリアのフランス人たち』という本が出版された。著者は有名な歴史家のピエール・ノラ（一九三一―）である。一九五〇年代末からアルジェリアはオランのリセで教鞭を執っていた。出版からひと月が経った頃、ノラは一通の手紙を受け取る。高校時代の同級生、デリダからの手紙で、デリダも当時アルジェリアにて兵役に就く代わりに教職にあった。この手紙のなかで、デリダは「アルジェリアのフランス人たちの性格論は最も不安定なもののひとつだ」「きみが完全に素通りしてしまった数々の可能性がアルジェリアのフランス人たちのなかにはある」とノラに不満を吐露している。

アルジェリアのフランス人のなかにはアルジェリア在住のユダヤ人も含まれていた。フランスのアルジェリア支配は一八三〇年に始まるが、一八七〇年にフランスのユダヤ系文芸批評家で、当時法務大臣を務めていたバンジャマン・クレミュー（一八八八―一九四四）が成立させたいわゆるクレミュー法は、アラビア語を話す被植民地在住者のなかからユダヤ人だけにフランスの市民権を与えた。もっとも、アルジェリアでのユダヤ人居住の歴史は非常に古く、イスラム化したアラブ人たちと先住民ベルベル人との闘争において後者の指揮者となった女王カヒナは、鵜飼哲によると、ユダヤ教徒だったという。ともあれ、アルジェリアにあって、先住ユダヤ人たちは、フランス人（ユダヤ人も含む）の植民者とアルジェリアアラブ人／ベルベル人の間に挟まれることになった。ノラの分析は卓抜したものではあったが、そこには死角があったのであり、デリダがそれを否応なしに見つけてしまったのは、彼の出自が関係していたのかもしれない。

デリダの父親はアラビア語を話していたという。近所の子供たちが話している言語、自分の町の看板に書かれていることが分からないという状況を想像してほしい（この点については後述する）。戦中はヴィシー政権の発布した法律によってデリダ家の人々は無国籍状態に置かれ、デリダはフランスの学校にもユダヤの民族学校にも通えない時期を経験せざるをえなかった。「ほぼユダヤ人」と、デリダは言っていたけれども、いつからとも言えない時間をおそらくはアルジェリアで過ごしてきた自分の数多の祖先たちはその周囲の人々とどのように係ってきたのか、という問いが彼のうちにはあったはずだ。純粋な系譜などあるはずがない、と私は思うし、デリダもそう考えたのではないだろうか。

アブラムにはサライのほかにハガルという妾（女奴隷）がいて、彼はハガルとのあいだにイシュマエルという息子を儲けた。重要な点だが、神との契約と割礼はイシュマエルの出産に続く章で語られている。アブラムはここでアブラハム（多数の者の父）となり、サライはサラとなり、二人の間にイサクという息子の到来が約束されるのだが、イサクの誕生に際しても神は「あなたの子孫を数えきれないほど多くするだろう」とハガルに語り、イサクの誕生以前に、アブラハムとイシュマエルも含めて彼の家にいる男たちは割礼を施されている。イサクが生まれると、アブラハムはサラと神の言葉を容れてハガルとイシュマエルを家から追い出す。渇きでイシュマエルが死にそうになったとき、再び神は「わたしは必ずこの子を大きな民にする」と約束する。アブラハムに、イサクを犠牲として捧げよとの神命が下るのはその直後である。

キルケゴール（一八一三―一八五五）は『恐れとおののき』でこの場面を描いた。レヴィナスはここに、キルケゴールのいう「宗教的段階」の暴力性を見た。デリダもまた、犠牲と贈与という本質的な場面としてこれを捉えている。だが、ここで強調しておきたいのは、デリダが、イスラム教徒たちが自分たちの起源とみなすイシュマエルという存在に対して、多大な関心を向けていることである。

たとえば生前のデリダ本人と会ったりデリダの文章を読んだりしても、ただ単純に、あるヨーロッパ人でフランス語運用者だと思う人が多いだろう。アルジェリアのユダヤ人は「ピエ・ノワール」（黒い足）と呼ばれていて、私の在フランス・ユダヤ系の友人はデリダの話すフランス語には「ピエ・ノワール」の訛りがあると言うけれど、それが摑めるひとは限られているだろう。若き日のデリダの写真を見ると、これも偏見にすぎないとはいえ、かなり「アジア的」なのかなと思ってしまう。しかし大事なのは、いわゆるヨーロッパを超えた「民俗的」な広がりが問題になるデリダのような人物も、それを知覚する者次第で、単純にヨーロッパのどこかの国の人と思われることがあるし、むしろそれが常態なのかもしれないということだ。

†サイード『フロイトと非‐ヨーロッパ人』

どれほど厳しく読むことを禁じても本は読まれてしまう。数限りない書物が消えてしまったのかもしれないのに、継続感は減じない。こんなことを言うのは、フロイトの遺言とも言うべき書物を見事に、しかし意想外な仕方で甦らせたのがサイードであり、この甦生がある意味ではサイード自身の遺言となったからだ。

イルシャルミの解釈についてサイードはこう断じている。イルシャルミの言うように、フロイトはおそらくはラマルクに従って、先述の「ユダヤ教なきユダヤ人」の性格の伝承を信じていた。ここまではよいとしよう。しかしその後で、サイードはこう言うのだ。「イルシャルミは、ある種のほとんど命がけと言ってよいほどの都合の良い飛躍をフロイトその人に押しつけるのであって、私にはそうした理解の大方が根拠薄弱だと思われるのです。続けてイルシャルミが「一神教が……発生起源的な意味でエジプト的であっても、歴史的にはユダヤ的である」といった結論を引き出すとき、そうした飛躍のご都合主義が剝き出しになります。さらに彼は、フロイトを引き合いに出しながら、「たとえ最初に到来した刺激が外部から、偉大なる異邦人からのものであったとしても、そうした伝統を活かし続け、それに声を与える人びとを作りだしたということは、ユダヤの人びとにとっては充分なる栄誉に値するものだ」とさえ述べています。」（『フロイトと非‐ヨーロッパ』平凡社、四二―四三頁。強調原文）

先に私も言ったように、イルシャルミはモーセをエジプト人としたフロイトのもたらした衝撃を、「歴史」という観点をもって無化しているのだ。ただ、サイードはフロイト自身にも曖昧さを見出していく。サイードはモーセをエジプト人とは言わずに、「非ヨーロッパ人」（non-European）という表現でそれを言い換えることで、エジプト人には限定されない領野にまで議論の可能性を拡大した。『ユダヤ人国家』の著者テオドーア・ヘルツル（一八六〇―一九〇四）が、パレスティナの地のユダヤ人国家を、「アジア」に対するヨーロッパの前哨と捉えていたことを思えば、フロイト、そしてサイードのこの操作は実に大きな効果を有している。しかも、サイードは『オリエンタリズム』の著者であり、彼のいう「非ヨーロッパ」は「ヨーロッパ」の欲望の投影ではありえず、むしろ「ヨーロッパ」なるものへ、その同一性への単に否定的ならざる否の肯定である。テオドーア・アドルノ（一九〇三―一九六九）のいう「否定弁証法」を思い起こしてもよい。「非ヨーロッパ」は「アジア」ではない。「アフリカ」でも「アメリカ」でもない。それそれはある意味ではどこにもありどこにもなく、いまだ存在せざるものをも意味しているのだが、ただ、かつて竹内好が主体化の「方法としてのアジア」を語ったように、それが誰であれ、誰にとっても無縁ではない「方法としての非ヨーロッパ」と、ここで言ってしまってもよいのではないだろうか。

†ファノンとヴェイユ

だからこそ、サイードは「非ヨーロッパ人」と言うに際して、アンティル諸島はマルチニック島出身の黒人精神科医フランツ・ファノン（一九二五―一九六一）の脱植民地化をめぐる考察に言及したのだろう。サルトルが序文を寄せたファノンの遺稿『地に呪われたる者』から、サイードは、「ヨーロッパは、ヨーロッパのあらゆる街角で、世界の到る所で、人間に出くわすたびに人間を殺戮しながら、いまだ人間について語ることを止めようともしない」（同右二九頁）という言葉を引く。けれども、これは単なるヨーロッパ批判ではない。これまたサイードが引用しているように、「ヨーロッパがその誕生に成功することがついにできなかった新しい人間」の創出がめざされていたのだ。

こうした言説が可能であることを逸早く洞察していた哲学者がいる。シモーヌ・ヴェイユ（一九〇九―一九四三）である。彼女はみずからのユダヤ人出自を否定した。「ユダヤ教なきユダヤ人」なるものは、彼女にとっては存在しえなかったのである。それにとどまらず、ヴェイユはタナッハを戦争の書として斥け、『イザヤ書』の一部や『ヨブ記』の最良の部分はユダヤ以外のものからの産物とみなした。自分自身についてはフロイトとは逆の立場を取りながら、ヴェイユは非ユダヤがユダヤの最良の部分を成していると考えたのだが、変えるべき点を変えるなら、フロイトの発想を知らず知らずに継承しているとも言えるだろう。しかもヴェイユは、フランスによる植民地支配に言及しながら、それを通して、ヨーロッパはその起源である非ヨーロッパに出会ったのだと言っているのだ。サイードがヴェイユを知っていたかどうかは分からないが。

フロイトがユダヤ人の創設者をエジプト人としたことは「新しい人間」の創出につながる一大決断だった。けれども、すでに指摘していたように、フロイトは、ユダヤ人をエジプト人モーセによって作られたセム人の集団とみなす一方で、ヨーロッパの人々と「小さな差異」しか持たない者として捉えてもいた。サイードはこれら二つの事象のあいだに

「不協和音」を聞き取り、フロイトはそれに気づきながらヨーロッパの側にすり寄ってしまった、というのである。

「不協和音」という表現は何ら悪しき意味を持たないだろうから、それを斥けるつもりはまったくないけれども、すでにデリダについて述べたように、私は、ある集合のなかの「小さな差異」と、この集合の外部とみなされるものとのあいだに断絶があるとは考えていない。知的水準が高いと自負する者も、このときばかりは人種主義者になって、「断絶はあるよ」と言うかもしれない。でも、一時的にせよ、髪を金髪に染めたり顔を黒くしたりする現象は結局は無意味な行為なのだろうか。フランスの黒人の女性たちが髪をストレートにするのも無意味な現象なのだろうか。冗談を言っているのではない。ここで問われているのは「模倣」という現象であって、これが次章のキーワードのひとつになる。

†暗い衝動と新しいシステム

イルシャルミは、「ユダヤ教とユダヤ人には抵抗し難い魅力が十分にあります。強力なだけに言葉では表現できない数々の情動の力、内的アイデンティティについての明るい意識（…）などは、やはり私の心に残ったままなのです」というフロイトの書簡を引いている（『フロイトのモーセ』二一一頁）けれども、ここにいう「情動」と「明るい意識」はどのような関係にあるのだろうか。むしろフロイトのモーセ論は「内的アイデンティティについての明るい意識」を揺るがすものだったのではないだろうか。

ここで思い起こされるのは、一九一三年、キリスト教に改宗する寸前、ベルリンのシナゴーグで「贖罪の日」の典礼に参加した後翻意して「ユダヤ人にとどまる」決心をしたとされるフランツ・ローゼンツヴァイク（一八八六―一九二九）のことである。この出来事から七年後、第一次世界大戦に従軍しながらも生き残ったローゼンツヴァイクは、博士論文の指導教授フリードリヒ・マイネッケ（一八六二―一九五四）に宛てて書いている。自分は大学での教授資格をもちうる歴史家からそのような資格を持ちえない哲学者へと変貌してしまった、と。

「本質的なことは、私にとって学問がもはや中心的な意味を持っていないということであり、それ以来、私の生は「暗い衝動」(dunkler Drang) によって規定されているということです。私はその暗い衝動に「私のユダヤ教」(mein Judentum) という唯一の名前しか与えることができないことをはっきり意識しています。」

すでに「個体とアイデンティティ」について指摘したように、ここには「何だか分からないもの」をめぐる終わりなき問いがある。「問い」とは「問い」をなきものにしようとする答えを黙らせるものだと言った哲学者がいるが、そのような「問い」に《ユダヤ》という名が与えられたのである。ローゼンツヴァイクにとっては「唯一の」呼称だけれど、それぞれ呼称を考えればいいだろう。それを《ユダヤ》と呼びたいひとはそう呼べばいいだろう。

ただ、ここで重要なのは、ローゼンツヴァイクが『ゲシュタルトクライス』の著者で彼の主治医でもあったヴィクトール・フォン・ヴァイツゼッガー（一八八六―一九五七）らを意識しながら、「システム」〔体系〕というものを根底的に変革しようとしていたということだ。彼は「と」（und）という接続詞を、一方ではアドルノ、他方ではジル・ドゥルーズ（一九二五―一九九五）やフェリックス・グァタリ（一九三〇―一九九二）に先立って最も根源的なものとみなし、すべての他のものと結びつきたいという衝動を「システム」の本質とみなした哲学者であった。暗い衝動は、社会的・国家的に認知された関係性とは異質な関係性、ネットワークへの衝動であり、それが「私の」という言葉に逆説的にも凝縮されているのである。

第2章 異境——どこにいるのか?

――反ユダヤ主義は誤れる投影作用に基づいている。(ホルクハイマー/アドルノ)

私は一体どこにいるのか。私の「場所」、私の「居場所」とはどこなのか。私が「ここ」にいるとはどういうことなのか。《ユダヤ》とは、世界という座標に「ここ」を位置づけ、それを堅固な生存の土台とみなすことへの、やむをえない抵抗ではないだろうか。《ユダヤ》とは「向こう岸から来た者」である。「断じて行け」という神の声を聞いて、聖書の登場人物アブラハムは故郷を捨てて不帰の旅に出た。アブラハムから「哲学者の独特な孤独」を語るフッサールまで、《ユダヤ》は「故郷」をも異境として生きる多様な技法である。そこに、新たな世界システムを構想するきっかけがあるのは間違いない。擬態と模倣という視点からそれに迫ってみたい。

†世界外存在の狂気

マイモニデスことモーシェ・ベン・マイモン(一一三五―一二〇四)は、中世最大のユダヤ教哲学者である。アリストテレスと聖書との接合を試み、トマス・アクィナス(一二二五?―一二七四)などにも多大な影響を与えたと言われている。この中世哲学者マイモニデスにあたかも救いを求めるかのような運動が、一九二〇年代から三〇年代にかけてのヨーロッパ・ユダヤ人たち、特に若き俊秀たちのあいだに起こった。ポーランドのアブラハム・ヘシェル（一九〇七―一九七二）もドイツのレオ・シュトラウス（一八九九―一九七三）もマイモニデスを取り上げた。そうした若手のひとりが、パリに暮らすレヴィナスだった。

一九三五年、レヴィナスは「マイモニデスの現代性《アクチユアリテイ》」という論考を発表している。小論ではあるけれど、とても大事なことが書かれている。通常はギリシャ、ローマ的な世界観を指す「異教」(paganisme) という語の語源的意味を踏まえつつ、「異教とは世界の外に出る能力を根本的に欠くことなのである。」(『レヴィナス・コレクション』ちくま学芸文庫、一四一頁）としたうえで「イスラエルの狂気ないし信仰」についてこう言っている。

「異教徒の道徳は、世界の境界を侵犯する能力の根本的欠如の帰結にほかならない。自足し、自閉した世界のなかに、異教徒は閉じ込められている。異教徒はこの世界が堅固で、実に安定していると思っている。（…）／世界に対してイスラエルが抱く感情はこれとはまったく異なっている。（…）ユダヤ人は、異教徒とはちがって、すでに出来上がった土台を世界のなかにもつことはない。（…）健全な精神と呼ばれる者の眼に、世界がどれほど揺るぎないものと映ろうとも、ユダヤ人にとっては、世界は一過的なもの、創造されたも

のとしての痕跡をとどめている。」（同右一四一—一四二頁）

つまり異教徒にとって世界は堅牢で安定したものであるが、《ユダヤ》にとって世界は、あくまで創造されたものであり、それゆえ一過的なものにすぎないというのだ。

後にレヴィナスは「世界外存在」という語彙でこのあり方を語ることになる。世界の外もまた世界の内なのではないか、そのようなものが「環境」ならざる「世界」なのではないかという反論もありえよう。ただ、もしそうであるなら、世界の内にあるあり方が、レヴィナスのいうユダヤ人にとっては独特な不安定さを伴っているのだと言えばいいだろうか。

「異教」という訳語は、ギリシャやローマの多神教的宗教を指し示しているが、語源的には「定住的農民」を意味する「パガヌス」に由来し、「パガヌス」は更に、ある囲い込まれた領域を指す「パグス」から派生した。このような領域を囲い込む境界神を「テルミヌス」と呼ぶこともある。しかし、境界には内的縁と外的縁が必ず存在する。「テルミヌス」が置かれるとその外側が生まれる。どの領域にとってもそのような外的縁として生きること、しかし外的縁は内的縁と不可分である。内は外であり、外は内であり、内でもあれば外でもあり、そのいずれでもないような生存の仕方、それが《ユダヤ》である。

†異境と哲学

　私はかつてこのような生存の仕方を「ユダヤ的生存のトポロジー」と名づけたことがある。メビウスの帯のような境界地帯を生きる仕方はもちろんひとつではない。古代ローマ時代のユダヤの政治家フラヴィウス・ヨセフス（三七―一〇〇？）の生き方もその一つである。フラヴィウス・ヨセフスはユダヤの地ガリラヤを守りながらローマに捕らえられ、ある意味では敵軍に属しながら、誤解を解くために、ユダヤ人たちにとっては異邦の言語で『ユダヤ戦記』を著し、古代ヘブライの社会とその戦いを描いた。賛否はあるだろう。だが、フラヴィウスは境界地帯の複雑さに耳を傾けた人物だったと私は思う。

　ここで思い起こされるのが、ほかならぬサイードを介して広く知られるようになったキリスト教神学者聖ヴィクトルのフーゴー（一〇九六―一一四一）の言葉である。「故郷を甘美に思うものはまだ嘴の黄色い未熟者である。あらゆる場所を故郷と感じる者はすでにかなりの力を蓄えた者である。全世界を異郷〔異境〕と思う者は完璧な人間である。」

　フーゴーはまた、「哲学する者たちにとっては、全世界が流謫の地である」とも言っている。

それまでの何かが通用しなくなる、そのままではありえない、それが「異境」であり「経験」である。いつものように振る舞うと何かを壊してしまう。手を伸ばしても目当てのものはそこにない。言葉が通じない。法に触れる。変な奴と思われる……。しかし、「異境」〔異郷〕は対義語を持たない。「ここ」とか「故郷」とか呼ばれる「異境ならざるもの」をあらかじめ想定した「他所」ではない。とりわけ在アメリカ合衆国のユダヤ人たちに見られるような、遠く離れているからこその情熱、つまり「距離のパトス」をかき立てる「他所」でもない。「異境」はむしろ、「異境ならざるもの」のこの不在を思い起こさせ、「ここ」とそれを前提とした座標、そこに、根拠はないけれども一見整然と配分された人やものを問いただす装置ではないだろうか。

「現象学」という現代哲学の一大潮流を作り出した人物、エドムント・フッサール(一八五九—一九三八)もまた、フロイトと同じくモラヴィアのユダヤ人居住区に生まれた。その彼が「現象学的還元」とか「括弧入れ」とか、ストア派を意識して「判断停止」などと呼んでいる手続きは、まさに、なじみ深い平凡なことがらをわざと疎遠なものにする「異境化」の操作だったのではないだろうか。

「逆説的ではあるが、しかし深い意味をこめて、哲学とは平凡な事柄についての学問であるとさえ言えるほどである。最初ははなはだ平凡に思われる事柄が、さらに綿密に考察してみると、根底的に伏在するさまざまな諸問題の源泉となるのである。」（『フッサール・セレクション』平凡社ライブラリー、五四頁）

「さらに綿密に考察してみると、現象学的判断停止は独特な哲学的孤独を生み出す。」（同右一七頁）

この「孤独」こそ「異境」の同義語である。全世界が流謫の地であるという感覚がどこかにあるからこそ、フッサールは文化相対主義や歴史相対主義や心理学的相対主義を斥けることができた。そのような相対主義は、結局のところ、時空の隣接を前提としてしまっているからだ。そして、そうした相対主義を破る一種の「ブレイクスルー」として、『論理学研究』を、フロイトの『夢解釈』と同じ年に世に問うたのである。

たしかにフッサールはドイツ語でしか書かず、「ヨーロッパ」としか言わなかったけれども、その後の彼の著作群は、世界の様々な地域に生まれた学究者を惹きつけ、彼らを介して、また、彼ら自身の移動や追放や亡命も手伝って、世界の様々な地域と人々に散種された。それらは、哲学のみならず諸科学、文学、芸術、人々の生活に多様な作用を及ぼし、そこから多様な滋養を汲み取り、今もなおその独特な多元的生成を続けている。フッサール哲学の伝播は、少なくとも、哲学におけるひとつの「コスモポリタニズム」（世界市民主義）であることは間違いない。

†ユダヤ的孤独

フッサールのいう「独特な哲学的孤独」は、ウクライナ出身の詩人パウル・ツェラン（一九二〇―一九七〇）が語った「ユダヤ的孤独」を連想させる。ツェランは一九六九年イスラエル国を訪問した際にヘブライ語の甦生とキブツでの労働を目撃する。果たして、ツェランが言った「ユダヤ的孤独」は、「自己疎外と大衆化が至るところで拡大する時代」に、彼が「ユダヤ的アイデンティティ」を獲得したことを意味しているのだろうか。では、なぜ彼はその直後に入水自殺したのか。もちろんそれは私には分からない。ただ、もうひとり私が永く係ってきた哲学者のことをどうしてもここで思い起こしてしまう。

フランス国籍のユダヤ系哲学者ウラディーミル・ジャンケレヴィッチ（一九〇三―一九八五）である。一九五七年彼はイスラエル国を訪問したが、「この旅は私が抱える内的問題に解決をもたらさなかった。それは逆に、私が自分のなかに抱える様々な矛盾のあいだにより大きな緊張状態を作り出したという意味で、この問題をより深刻なものにした」と書いている。

ジャンケレヴィッチは、黒海沿岸に生まれ、フランスに移住後モンペリエ大学医学部に学んだユダヤ人の両親を持つが、ヴェイユと同様、家庭でも学校でもユダヤ関連の教育はほとんど受けることがなく、ある意味では、これまたヴェイユと同様、ヴィシー政権下教職からも軍務からも排斥されたときに自分がユダヤ人であることと向き合うことになった。では、そのジャンケレヴィッチは《ユダヤ》について何を語っているのか。

†「何だか分からないもの」――ジャンケレヴィッチ

鏡がなければ私たちは自分の顔を見ることができない。見る自分と見られる自分に分かれることで初めて「自分」がある。ところがジャンケレヴィッチによると、「ユダヤ的人間」はそれだけで済ますことができないというのだ。

「もちろん、どんな人間も自己自身とは他なるものであり、実際には、自己の外および自己の彼方にある可能性によってのみ人間である。この可能性は自身の定義のうちに存することができず、つねに自らの現実的現在からはみ出す可能性である。／けれども、ユダヤ的人間は二倍自己自身にとって不在であり、この点でユダヤ的人間は人間の最たるものである。ユダヤ的人間は、自己自身にとって不在でありかつ自己とは他なるものであるこの力能によって他の人間よりも二倍人間的である。人間が人間であるのは、彼が不断に自分に成り、それゆえにまた不断に他者だからだ。しかし、ユダヤ人であるということのうちには、一切の定義を免れるということのうちに宿る他者性の追加的指数があるのだ。」

見る自分と見られる自分に分裂することでまさに自分であるような反射的な構造、それが「定義」の条件であるなら、そのような「定義」から逃げ続けるものが「ユダヤ的人間」である。一方、それを「定義」に組み込むことが「反ユダヤ主義」であることになる。人からいろいろ言われて「決めつけないで」と言う時の感覚に近い。この違和をジャンケレヴィッチは「神秘」とも「触知できない何か」とも「何だか分からないもの」(Le je-ne-sais-quoi) とも呼んでいる。

「何だか分からないもの」はジャンケレヴィッチのキーワードであるのみならず、西洋のとりわけ神秘主義の諸潮流のキーワードであり続けた表現でもある。例えば「クレオパトラの鼻がもう少し低ければ、地球の全相貌が変わっていただろう」という有名な言葉の直前には、「何だか分からないもの、それはあまりにも小さいので認知すらできないものだが、それが大地の全体を、数々の王子を、数々の軍を、世界全体を揺り動かすだろう」と書かれている。この世界を動かしているのは何か。様々な職種の第一線で、それこそ世界的に活躍しているひとに尋ねれば、きっと「何だか分からない」とこぞって答えるだろう。

世界を、私たちを動かし、仕事に、鬱に、犯罪に、戦争に、虐殺に、食う寝る遊ぶに、セックスに、市民運動等々に駆り立てているもの、それがあまりにも取るに足らない、小さな小さな、しかし何なのか分からない何かであるということ、それは、「二倍人間的である」といった表現に含まれた「二倍」が実は大きな差異ではなくほとんど識別不能な何かにほかならないことを告げてもいる。それこそが、ユダヤ思想が捉えた人間のあり方ではないだろうか。

†似ている、違う

人間は途上の何かだと言ったのはニーチェ（一八四四―一九〇〇）であった。だから、「人間」をある定義に押し込めることはできない。でも、それが「人間」の定義だ。そういう「人間」にとっても他なるものであること、それはニーチェにとっては「超人」なのだが、ジャンケレヴィッチも同じことを「ユダヤ的人間」について言っているのだ。「ユダヤ人」（ニーチェにとっては「人間」）が定義不能だとすると、「反ユダヤ主義」と呼ばれるものは不思議なことを行っていることになる。ユダヤ人というものが存在していてそれを憎悪しているかに見えて実は、「ユダヤ人」から逃れ続ける何かを「ユダヤ人」に引き戻す、というか「ユダヤ人」というものを作り出しているのだ。ジャンケレヴィッチはこんな語彙で「反ユダヤ主義」の操作を語っている。

「要するに、反ユダヤ主義とは何よりも無限小の差異、微小な差異の見誤りである。（…）ユダヤ人を一義的で一方的な実体に閉じ込めようとしているのだ。」

「無限小」とは、微分にも関係する語彙だ。これを認めるか否かが一九世紀の思想史にとって最重要な問題であった、ということはぜひ押さえておいてほしい。でも、「無限小の差異」とはどんなものだろうか。それは「類似」とどのような関係にあるのだろうか。非常に興味深いことに、フロイトの著作のフランス語訳者を父に持つジャンケレヴィッチは、『モーセと一神教』を読んだと明言したうえで、こう言っているのだ。

「私はフロイトのモーセのなかで、ある文章を読んだが、それは私にとって貴重なものだ。そこで話題になっているのは、自分に類似しているにもかかわらずユダヤ人を恨む人間である。(…)ユダヤ人に関して疑惑が生じるのは、ユダヤ人が異なると同時に類似しているからなのだ。」

ここでジャンケレヴィッチはフロイトのいう「小さな差異」を「類似」と言い換えている。「類似」は単に「差異」の減弱であるのではなく、同じだとも異なるとも言えない極めて微妙で不安定な境位を指し示しているのであって、その結果、「同と他」(Même et Autre)という配置それ自体が崩れてしまうのである。

「ユダヤ人はユダヤ人でありかつユダヤ人ではない。他はそれが少々同であるがゆえにのみ他である。相似の可能性が差異の条件である。人間的秩序においては、他は相対的にのみ他であり、逆も真で、同が同であるのはそれが他だからでしかない。さもなければ、それは単なる同一性になってしまうだろう。」

こうして「無限小の差異」は「ほとんど同じもの」と言い換えられる。「ほとんど同じもの」と「同じもの」のあいだの無限小の差異は、決してなかったものにはできないという意味では無限の差異でもある。

しかも、それはユダヤ人とユダヤ人ならざるものとの関係を言い表しているだけではなく、ユダヤ人とユダヤ人との関係をも言い表しているのだ。ユダヤ人はユダヤ人とほとんど同じものだが、全面的にユダヤ人であるわけではないのである。モーセ＝エジプト人説には言及することなく、ジャンケレヴィッチは、フロイトがモーセをユダヤ人ならざるものとみなしたことをこのような仕方で解釈したのではないだろうか。

†模倣の社会学

ジャンケレヴィッチはこの奇妙な論理を「模倣」という現象に結びつけてもいた。「他人たちの猿真似をする二つの仕方、ひとつは他人たちを模倣することであり、いまひとつは他人たちに背くことである。誰もが知っているように、反対精神はしばしば模倣精神のまとう形式のひとつにほかならないのだから。」

このような考えをジャンケレヴィッチはどこから汲み取ったのだろうか。「模倣の社会学」を展開したとされるガブリエル・タルド（一八四三—一九〇四）からではなかったかと筆者は思っている。タルド社会学の根幹を成すのは「存在すること、それは差異化することである」という命題であり、しかも、ここにいう「差異化」はそれ自体が質的に多様である。そのタルドが「模倣」「類似」を語っているのだから、「差異化」は「模倣」「類似」と相容れないものでは決してないことになる。それらはいずれも「同一性」を前提としていないのだ。「同一性」ならびにそれを前提とした「差異」はタルドにとって「思い込み」とそれゆえの「盲従」にすぎない。タルドはそれを夢遊症的状態に比している。そのような状態のなかで「思い込み」をもたらすのも「模倣」なのだが、それと同時に、捉え難い微妙なミクロ的な「ニュアンス」の尊重を「模倣」は促してもいるのだ。

本書の第一章では、「主体」のアイデンティティという視点から《ユダヤ》を考え、今、ジャンケレヴィッチと共に、反ユダヤ主義者たちの標的あるいは対象と化した《ユダヤ》の在り方を見た。今や《ユダヤ》を、「社会は模倣である」という普遍的現象に見られる二つの不可分な動きのなかに位置づけることができるだろう。一方には、同一性とそれを前提とした差異という「思い込み」がたえず形成され維持される過程があり、他方には、それを絶えず崩していく微小的差異化の過程がある。「類似」は静態的な現象ではまったくなく、むしろ、この微分的差異化が漸増する「反復」運動であると言えるだろう。

†ロジェ・カイヨワとカマキリ

ここで思い出されるのはまたしてもアドルノである。彼は同一であることをむしろ不可能にするものとして「ミメーシス」〔模倣〕を語った。「ミメーシス」は二〇世紀の名著であるホルクハイマー／アドルノの『啓蒙の弁証法』のキーコンセプトだが、同書の邦訳者・徳永恂が指摘しているように、そこにはフランスの思想家ロジェ・カイヨワ（一九一三―一九七八）が介入していた。『遊びと人間』（講談社学術文庫）などで知られる思想家である。

カイヨワは一九三四年「カマキリ」なる論文を発表した。翌年には「擬態と伝説的精神衰弱」を『ミノタウルス』誌に寄せた。それにしても、「カマキリ」とは何たる題名だろうか。「伝説的精神衰弱」とは何だろうか。

カマキリというと、植物の花や葉や枝などへの同化、すなわち「擬態」がよく知られている。フランス語の名称「La mante religieuse」は、頭巾を被った修道女および預言者〔mantis〕に由来するとされる。古代には、カマキリが現れると飢饉など不吉な事件が起こる前兆とみなされ、ローマ時代には、ひとが病気になると「カマキリがそのひとを見た」と言われた。しかしその一方で、カマキリ（やその巣）は薬としても、豊穣な実りを約束するものとしても機能した。

まさに「聖なるもの」の二面性を有しているわけだが、カイヨワによると、人間の感性にカマキリが強く作用するのは、雌のカマキリが交接中もしくは交接後に雄のカマキリを殺して食べてしまうという現象ゆえであり、実は、人間もまたこの生物学的な行動法則を全面的には免れえない。人間においても性交は死と結びついており、カイヨワはそこに、フロイトが提起した「死への欲動」「涅槃原理」の本能的実現を見ている。

「実際、どんな生体にも、「外的な力に邪魔されて放棄せざるをえなかった」元の状態を再現しようとする傾向が内在している。この傾向はフロイトによって見事に明るみに出されたのだが、フロイトはそこに「有機的生命の一種の順応性・弾力性の表現」を見ている。」

この傾向は究極的には無機物に戻ろうとする傾向として現れる。このような観点からカイヨワは「擬態」を取り上げた。そのカイヨワの仕事に大いに注目する者たちがいた。

†亡命者と擬態

それは、アドルノ夫妻、そしてヴァルター・ベンヤミン（一八九二―一九四〇）である。アドルノは亡命の途上、ベンヤミンに宛てた一九三七年の書簡で、『社会学年誌』へのフランス人協力者を誰か選んでくれるよう依頼しているが、同年九月二二日のベンヤミン宛て書簡はアドルノがカイヨワの「カマキリ」を読んでいることを告げている。カイヨワの神話的探求をまずは肯定的に評価しながらも、アドルノはそれを平板な物質主義、生物主義と断じ、「小さな差異」を見落としていると非難している。『社会学年誌』にアドルノが寄せた「カマキリ」の書評でも同様の厳しい評価が下されているのだが、アドルノはなぜかカイヨワの「擬態と伝説的精神衰弱」には言及していない。これはどのような論考なのだろうか。

一九三五年のこの論考でカイヨワは、何をどのように論じるにせよ、究極の問題は「区別」とその解消にあることを宣言したうえで、様々なチョウや昆虫や動植物における多様な擬態と、それをめぐる様々な説明を網羅的に検証し、「防衛」のための「擬態」といった通説をことごとく斥けた後で、生物の「可塑性」という仮説を提出している。物的形態の「可塑性」とは生物と環境、内と外との「区別」、両者の境界の「可塑性」にほかならず、ある形態が別の形態に変化したとしても、条件如何では元に戻る可能性がつねにあるのだ。

ここでカイヨワは、フランスの精神医学者ピエール・ジャネ（一八五九―一九四七）によって「精神衰弱」と名づけられた症例に注目する。「意識野」の狭窄によって「意識野」

の内にあるはずのものがその外に解離し、患者は解消不能な葛藤の泥沼でもがき苦しむのだが、ただ、カイヨワが実際に引用しているのは、ポーランド出身のユダヤ人精神科医ユージェヌ・ミンコウスキー（一八八五―一九七二）の『精神分裂症』（一九二七年）で挙げられた症例であった。

患者たちは自分がどこにいるのか分からない。のみならず、空間が暗黒空間のように自分のなかに浸透してきて、内部と外部の区別が崩れてしまうように感じる。これを「外的空間への同化」と呼ぶことができるし、カイヨワ自身もそう呼んでいる。カイヨワが述懐するところでは、一六歳の頃から、「私は自分の皮膚の境界を乗り越えたかった。自分の諸感官の向こう側に住みたいと願った。私は、空間のある点からここにいる自分を見る訓練をした」。しかし、「空間」に同化するとはどういうことだろうか。擬態とはいえ、何に似ればよいのか。その対象がないのだ。私の考えでは、カイヨワのこの見地がホルクハイマー／アドルノの『啓蒙の弁証法』に決定的な作用を及ぼしたのである。

†神話と啓蒙――『啓蒙の弁証法』

「じつのところ、われわれが胸に抱いていたのは、ほかでもない。何故に人類は、真に人間的な状態に踏み入っていく代りに、ひとつの新たな種類の野蛮へ落ち込んでいくのかという認識であった」と、ホルクハイマー／アドルノは『啓蒙の弁証法』〔以下『啓蒙』と略記〕の序文に書いている。ここで「弁証法」という語は、「神話」から「啓蒙」への脱却が、「啓蒙」から「神話」へと転じることを指している。

ナチスのイデオローグ、アルフレート・ローゼンベルク（一八九三―一九四六）は『二〇世紀の神話』を一九三〇年に出版し、「故郷《ハイマート》」を神話化した。それに対して、ホルクハイマー／アドルノは反駁する。オデュッセウスの冒険譚は「主体」の生成の物語、神話から啓蒙への脱却の物語だが、彼らはそこに、逆に「啓蒙の自己崩壊」が隠されていることを暴いたのだ。話はまず呪術的段階から始まる。

呪術は「主体の自然への投影」であるとしよう。けれども、この解釈は「投影」の「主体」をすでに前提としている。けれども実際には、呪術やシャーマン的悪魔祓いの儀式は「自然の統一も主体の統一も」前提としてはいない。呪術師、というよりも呪術を行使する「霊」は、様々な霊に類似した儀礼の仮面のように入れ替わる。呪術師は様々な霊に同化するのであり、その意味で、ここにはカイヨワのいう「擬態」のメカニズムがある。

呪術師は自己同一性を持たない。だが、「主体の生成史」という観点から見てここで忘れてならないのは、呪術の段階を経て人間が初めて獲得する自己同一性についても、人間はそれを、他なるものへの同一化によっても失われえない「仮面」として獲得すると言われていることである。ホルクハイマー／アドルノによると、「擬態」は自己の同一性を散乱させるとともに仮構させるという二重の役割を果たす。それは「神話的自己同一化」とも呼ぶべきものであって、この「神話的自己同一化」が投影の基礎をでっちあげるのだ。「ホメーロス的段階では、自己の同一性は非同一的なものの函数、つまり切り離され接合されることのない様々な神話の函数にすぎないから、自己の同一性はそこから自分を借りてこなければならない。」（『啓蒙』）

呪術における「擬態」に話を戻すと、カイヨワとの関連で見逃せないのは、キュプロークスの島と魔女キルケーの住む島についてのホルクハイマー／アドルノの叙述である。キュプロークスは一つ目の怪物のことで、そのような怪物にして「無法者」かつ人食鬼でもある。そのキュプロークスに名を問われたオデュッセウスは、自分は「ウーティス」（誰でもない者）であると答える。この答えによってオデュッセウスは、こいつは員数外だということで人食鬼の餌食として最後に回され、また、自分を傷つけた犯人（オデュッセウス）の名をこの鬼が「誰でもない者」としか言えないがために、人食鬼の仲間たちによる追跡をもまぬかれた。ホルクハイマー／アドルノによると、ここでの真の問題は「オデュッセウスが自分を主体たらしめる自己の同一性を否認し、無定形のものへの擬態を通じて自己を生き永らえさせる」（同右）ということなのだ。

「無定形のものへの擬態」。この発想がカイヨワに由来することは言うまでもない。ただ、ホルクハイマー／アドルノはここでも、呪術的「擬態」を利用することで野蛮ないし呪術から逃れ、「擬態」が逆に自己保存につながるといういわば三重の動きを描いている。いや、動きは四重であって、（1）ひとたび「誰でもない者」を名乗ったがゆえに、（2）オデュッセウスはいつ「誰でもない者」になるかもしれないという死の不安に苛まれ、（3）そのために本名を名乗るという「愚行」をなさざるをえず、（4）最終的にはポセイドンの怒りを買ってしまうのである。

キルケーの物語は、「擬態」によって神話から脱出した者が再び呪術と遭遇することを表している。妖艶な美女キルケーは美声で男を館に招き入れては魔法で男を動物に変身させてしまう。キルケーのこの魔法はそれ自体がカイヨワのいう「擬態」を引き起こすものだ。キルケーはカイヨワの「カマキリ」で語られた「妖女」そのものであるが、オデュッセウスは彼女と島で一緒に暮らしながらその魔法に対して抵抗して「自己」を保存しようとするのである。

一方で、オデュッセウスとキルケーの暮らしは、オデュッセウスとその妻ペネロペーの契約的婚姻関係に酷似している、とホルクハイマー／アドルノは言う。契約的婚姻関係は現実的・合理的に見えてその実、呪術と神話に属するからだ。家の竈《かまど》の煙は呪術的犠牲の祭壇の煙と似ないわけにはいかない。だからこそ「理性はそれ自身がミメーシス〔模倣／擬態〕」であり、家や故郷は神話なのである。この同一性をむしろ利用して、ローゼンベルクのような「ファシストたちは神話を故郷に仕立てようとした」のだが、亡命者ホルクハイマー／アドルノは、もし「故郷」というものを語るとするなら、それは「故郷＝神話」から逃れ続けること、この異境的隔たりを措いてほかにないと結論づける。しかし、カイヨワの「擬態」論は、単に『啓蒙』の「オデュッセウスあるいは神話と啓蒙」のなかで重要な役割を演じていただけではなかった。「擬態」はギリシャ的オデュッセーと《ユダヤ》をつなぐものでもあったのだ。

†サルトル『ユダヤ人問題についての若干の省察』

次に『啓蒙』の「反ユダヤ主義の諸要素――啓蒙の限界」を検討してみよう。この章が『啓蒙』に付け加えられたのは一九四七年の第二版においてである。

まず指摘しておきたいのは、この章が、サルトルの『ユダヤ人問題についての若干の省察』〔以下『省察』と略記〕とのあいだに、偶然の一致として済ますことのできない共通性を有していたということだ。サルトルが『省察』の原型となる「ある反ユダヤ主義者の肖像」を『レ・タン・モデルヌ』誌に発表したのは一九四五年一二月のことで、アドルノがサルトルのこの論考を実際に読んだという説も存在する。

　サルトルの『省察』に対しては多くの人が反論してきたが、そのほとんどが、サルトルは、ユダヤ人を非ユダヤ人、反ユダヤ主義者が作り出したものとみなして、ユダヤ人にイニシアティヴを与えていないというものだ。アイデンティフィケーションの過程に他者が抜きがたく介するものだということを認める者たちまでもがこのように反論しているのである。『省察』はまだ読み解かれていないのではないか。

　まず指摘するべきは、『省察』も『啓蒙』も「反ユダヤ主義とは何か」「反ユダヤ主義者とはどのような人物か」という視点から考察を展開しているということ、これである。この視点の設定、サルトルの言葉を用いれば、「ユダヤ人問題は反ユダヤ主義から生まれた」（強調引用者）という見地は銘記されねばならない。

　次に、いずれの論考も、二つの立場に板挟みになったものとして「ユダヤ人問題」を捉えている。まずホルクハイマー／アドルノにとって、一方にはユダヤ人を「敵性人種」とみなし、その根絶に世界の幸福が懸っているとする立場がある。他方には、ユダヤ人は人種や民族とは何ら係りなく、なるほど宗教的見解と伝統によって集団形成しているとはいえ、「ユダヤ的特徴」なるものは例外的にしか存在せず、原理的にはユダヤ人も同じ人間であり同じ市民的個人であるとする立場がある。

それに呼応するかのように、サルトルはというと、「反ユダヤ主義者はユダヤ人であることでユダヤ人を非難する。民主主義者はユダヤ人が自分をユダヤ人とみなすことを進んで非難するだろう。このような敵と味方の間で、ユダヤ人は何とも居心地が悪く感じる」と書いている。

第三に、反ユダヤ主義者たちの情念的で盲目的な態度について、『省察』も『啓蒙』も、それは反ユダヤ主義者の「自己」憎悪、「自己」への恐怖に由来するとの見方をしている。サルトルから見ていこう。サルトルによると、「反ユダヤ主義者」は、実際には「非生産者」でありながらも生産者（クリエイター）を装って産業に従事する「産業ブルショワジー」に多く見られる。彼らはユダヤ人を「寄生生物」として蔑むけれども、それは「生産者」ならざる自分に対する憎悪であり、自分自身「寄生生物」であるという「疚しさ」なのである。「反ユダヤ主義者」は「ユダヤ人」に似ている。それとも、「ユダヤ人」が「反ユダヤ主義者」に似ているのか。

言い換えるなら、反ユダヤ主義者の「自己憎悪」（サルトル）は「擬態」と無縁ではないということだ。『省察』を改めて読み直してみると、ユダヤ人独特の「身振り」を表すために mimique〔擬態〕という語が使われているのみならず、ユダヤ人の恐怖が「精神衰弱」という語で語られてもいるのである。

「精神衰弱」という語を記した直後にサルトルは、ユダヤ人自身、自分たちについて他の者たちが抱く何らかの表象によって毒されており、自分の振舞がそれに適合しないのではないかとの怖れのなかで生きていると書いている。

「ユダヤ人の不安の根、それは絶えず自分に問いかけ、最後には、見知らぬものだが親しく、捉えられないが近しい幻影人物（personnage fantôme）の側に与する決断をしなければならないということである。この人物はユダヤ人に憑依しているが、彼自身以外の誰でもない、他者にとってそうであるような彼自身以外の誰でもない。」（『省察』）

これは「社会的人間」の宿命である、とサルトルは言う。しかし重要なのは、このあり方を反ユダヤ主義者もまた共有しているということだ。ユダヤ人と反ユダヤ主義者は共に、この「幻影人物」への「擬態＝同一化」を行う。いや、「幻影人物」がユダヤ人と反ユダヤ主義者として分割共有（partager）されるのだ、と言ったほうがよいかもしれない。では、この「幻影人物」――これを一種のノイズ現象たる「ゴースト」と呼びたい――とは何なのだろうか。

†ゴースト

『省察』には、カイヨワの神話論にも『啓蒙』のオデュッセウス論にも呼応する用語や叙述が他にも見られる。

サルトルによると、反ユダヤ主義者にとってユダヤ人を排斥することは、自分を社会的共同体に参画させる一種の聖なる「加入儀礼」である。その意味で、反ユダヤ主義は人間的犠牲・供犠の何がしかを維持している。この点で想起されるのは、サルトルが、因果関係のありえないところで因果関係を捏造することを、「魔術・呪術」と呼んでいることである。以上をひとことで言うならば、反ユダヤ主義とはユダヤ人憎悪が神話のごとく跋扈《ばっこ》するような原始世界特有の考え方であり、合法的共同体のなかに潜む原始的社会の表現なのである。

そうであるなら、「ゴースト」はここでは、「啓蒙」が乗り越えたと思っている「呪術」と「神話」を表していることになる。アドルノが指摘しているように、「ユダヤ人はキリスト教徒の初子をさらって過ぎ越しの祭りで殺害し、その血をパンに混ぜて飲む」といった迷信が絶えないのはそのためである。

しかし、「啓蒙」が乗り越えたはずの呪術や神話は単に残存しているだけではない。先に見たように、「啓蒙」ないし「理性」そのものが呪術であり神話なのだ。この反転を最も劇的に表しているのは、ひとつには合理的取引の手段としての「貨幣」であり、また、呪術とは無縁で理性的かつ自律的とみなされる近代の「市民」ではないだろうか。

ある意味で貨幣は、無から価値を生み出し何とでも結びつく、言い換えるなら、何にでも擬態するものであって、まさにそれゆえ貨幣は魔術的・呪術的なものとして現れる。その謎を物象化として解明しようとしたのがマルクスであった。マルクスはシェイクスピアに拠ってユダヤ人を「貨幣人間」(Geldmensch) と評した。だから、「ゴースト」は高度な金融資本主義でもある。そして、このように呪術的であると同時に近代的でもあるがゆえに「ゴースト」は、世俗的なもののふりをしている「国民国家」の自律性や理性的根拠を生み出すと同時に脅かすことになるのだ。

では、「ゴースト」への「擬態《ミメーシス》」と「分有《メテクシス》」はどのようにして起こるのだろうか。ほかならぬ「ミメーシス」として反ユダヤ主義を捉えたのはホルクハイマー／アドルノであった。

とはいえ、反ユダヤ主義は「抑圧されたミメーシス」であり「偽の投影」である、とホルクハイマー／アドルノは言う。通常の「ミメーシス」が自分を環境に(内を外に)類似させるものだとすれば、この「抑圧されたミメーシス」は逆に環境を自分に(外を内に)類似させる。いや、単に類似させるのではない。自分のものであるにもかかわらず自分のものとは認めたくない情動を外に投射して、この自分に類似したものを自分の敵とみなすのだ。これをホルクハイマー／アドルノは「パラノイア」と呼ぶ。ホルクハイマー／アドルノによると、パラノイア患者は、その病気の法則にただ従うだけで、自由に犠牲者を選択することはできない。選択できない一番の理由は、投影された素材が自分なのか他人なのか区別がつかないということである。

サルトルも「反ユダヤ主義者」を「パラノア患者」に比していることをまず指摘しておくが、ここで「偽のミメーシス」と呼ばれているものは、投影主体が同一のものであることを想定したものではない。投影と言っても、そもそも「ゴースト」が自分なのか他人なのか分からないのだ。私たちが「主体と客体」、「私と他者」と呼ぶような区別と関係は、自分でも他者でもなく自分でも他者でもあるような状態から生まれ、つねにこのような状態に戻りかねない。この点を銘記したうえで、「われわれ〔ユダヤ人ならざる者、反ユダヤ主義者〕が彼〔ユダヤ人〕にユダヤ人たる自分自身を選ぶよう強いるのだ」というサルトルの言葉を読まなければならない。

強いる者としての「われわれ」〔私〕もまた誰と名ざすことのできないものによって「〜人」たることを選ぶよう強いられている。ただ、選ぶよう強いられているのだから、「われわれ」〔私〕のアイデンティティは「〜人」たることにはなく、同様に、ユダヤ人たる「自分自身」も存在しないのだ。

いかに詭弁的に響こうとも、「反ユダヤ主義」はこのような状況から生まれ、生き永らえ、日々の極小の出来事から国家の政策にまで深く浸透し、そこに回帰し続けてきた。「ユダヤ人を創造するのは反ユダヤ主義者だ」というサルトルの発言や、ユダヤ人を非ユダヤ人、反ユダヤ主義者の投影とみなす理論に対する数多の反論、反ユダヤ主義とその犯罪に対する様々な非難はこの点を見誤ってきたように思われる。筆者は反ユダヤ主義者の「責任」なるものをなきものにしようとしているのではまったくない。今述べたような観点からそれを考え直さねばならないと言いたいのだ。

「アイデンティフィケーション」の過程がユダヤ人と反ユダヤ主義者を創り出したのであり、この過程は、ユダヤ人、反ユダヤ主義者とはおよそ無縁と思われている現象に至るまで変態を続けている。この点に最も深い洞察を示したのは私見によるとラカンであった。ナチズムとジェノサイドといういまだ解明されざるドラマについて、ラカンは、それは「生贄たる対象《オブジエ》の、仄暗き神々への奉納」であったと言っているが、ここにいう「オブジエ」、それが私の言う「ゴースト」なのである。「陽炎《かげろう》」と言ってもよい。

第 3 章

市民——何に属するのか?

――掟のなかに生まれなかった者は掟に繋がれる必要はない。しかし、掟のなかに生まれた者は掟に従って生き、掟に従って死ななければならない。（モーゼス・メンデルスゾーン）

一七八九年のフランス人権宣言の正式名称は『人間と市民の諸権利についての宣言』である。だが、ここで言う「人間」も「市民」〔公民、国民〕も、自明の観念では決してない。《ユダヤ》は、これらの観念が含む暗黙の制限と、それによって引き起こされた困難な諸問題の痛切な証人である。市民と市民ならざるもの、人間と人間ならざるものとのあわいを、国家と宗教との亀裂を生きることを《ユダヤ》は余儀なくされた。そしてそこから、「共に住む者」「異教徒のなかの敬虔者」〔ノアの裔の法〕といった概念、更には「コミュニズム」「ソシアリズム」「シオニズム」の構想が生まれた。その過程を分析すること、それは国民国家システムを問い直し、この移民と難民の時代を、そしてまた、被差別部落や隔離の問題を見つめ直すことでもある。

†市民の明日

中国文学者の竹内好は、六〇年安保を論じるに際して「私は市民という語を好まない」

と言っている。

「市民という語はなじみにくい。語がなじみにくいのは、事実関係がそうなっているからであって、語の罪ではない。(…)農村では「市民」は通用しない。それを無理に通用させるのではないけれども、代ることばがないから困るのである。日本の事情では、独立と均質と連帯の語感をふくんだ個人を意味する語が、市民を通り越して人民に定着するかもしれないが、これはそうなるにしても将来の話であって、今は人民ではおかしい。」(鶴見俊輔『竹内好』岩波現代文庫、一五三頁)

六〇年安保から半世紀以上が経ったけれども、「市民」という語は、竹内の指摘した曖昧さと脆さをなおも抱えている。そして「市民」から「人民」へという展開を遂げることのないまま、国家をも含めた何らかの共同体からの相対的自立と権威・権力への不服従を含意した語として、単に地方自治体の行政単位には還元できない語として使用され続けている。「市民」という語はおそらくcitoyenの訳語として生まれ、西洋においても、古来より「都市国家」の発達とともに変遷を重ねてきた。ローマ法の「ペルソナ」概念はその発生段階からすでに複雑な分類を内に含みながら、やがて「要塞都市」を含意した「ブルク」(Burg)、「シテ、シティー」(cité, city)などと結びついた。そこに話を限定したとしても、たとえば「ブルジョワ」(ビュルガー)と「市民」(シトワイヤン、シュタートビュルガー」との対立がしばしば語られる。後者には「公民」という訳語が充てられることもあるし、「公民」が「国民」とほぼ同義語で用いられることもある。

「都市国家」の形成と併行して形成されたものである限り、《ユダヤ》はこの「市民」という至極厄介な問題とたえず係らざるをえなかった。《ユダヤ》の歴史は市民権の獲得と剝奪の歴史であるとさえ言えるが、それは「あるかないか」といった単純な事態では決してなかった。

たとえばアレキサンドリアに居住したユダヤ人哲学者フィロン（BC二〇／三〇？―四〇／四五？）は三つの市民権を有していたという。また、前出のフラウィウス・ヨセフスについても、「〔ローマ皇帝〕ウェスパシアヌス（九―七九）はローマの市民権が与えうるすべてのことをヨセフスにしてやることができた。こうしてマティアスの子ヨセフスは、以後三つの名、すなわち個人名（praenomen）、氏族名（nomen）、家系の名（cognomen）を持つ権利を手に入れた（…）」（ミレーユ・アダス＝ルベル『フラウィウス・ヨセフス伝』白水社、二〇二頁）とある。

市民権はこのように名前と連動していた。それはまた、ローマの支配下当初は反乱の罰金として導入された「ユダヤ人税」（fiscus judaicus）の支払いの有無とも無縁ではなかった。更に一八世紀中葉のプロイセンでは、例えばベルリンでの定住を許可する「保護状」

を与えられたユダヤ人、いわゆる「保護ユダヤ人」(Schutzjuden) は何と六つの等級に区分されていた。

『人間と市民の諸権利についての宣言』の「と」にも同様の問題が含まれていた。例えば一六世紀フランスの人文主義法学者ユーグ・ドノー(一五二七―一五九一)は、「人間」について次のような定義をしている。「奴隷は人間であってペルソナではない。人間は自然の、ペルソナは市民の法の名称である(persona iuris civilis vocabulum)」。この定義の中に「ユダヤ人」と「人間」の問題は既に胚胎していたと言える。ユダヤ人は、「人間」ではあるが必ずしも「市民」ではないという状態のみならず、イタリアのユダヤ人作家プリーモ・レヴィ(一九一九―一九八七)の作品名『これが人間か?』が示すように、「人間」でも「市民」でもない、という状態をも二〇世紀に経験することになる。それだけではない。ユダヤ人は市民権(と自然権ないし人間権)の与奪の対象であっただけではなく、とりわけイスラエル国の成立の前後から「難民」と「二級市民」を生み出し続けてもいるのだ。

『資本論を読む』(邦訳、ちくま学芸文庫)の著者でフランスの哲学者のエティエンヌ・バリバール(一九四二―)は、いみじくも『市民臣民《シトワイヤンシュジェ》〔主体〕』(一九八九年)と題された書物のなかで、「真の意味での市民は個人でも集合体でもなく、同様に、もっぱら私的な存在でももっぱら公的な存在でもない」と言っている。それを私は前の章で「ゴースト」と呼んだのだ。今、このニュートラルな存在は実に複雑で謎めいたものと化している。誰が、何が「市民」なのか。それはまた火急の、しかし恐ろしく忍耐を要する問いでもある。

本章では、モーゼス・メンデルスゾーン（一七二九—一七八六）の『エルサレム』、カール・マルクス（一八一八—一八八三）の『ユダヤ人問題に寄せて』、ヘルマン・コーエン（一八四二—一九一八）の『ユダヤ教を典拠とした理性の宗教』を主に取り上げる。マルクスの兄貴分でもあったモーゼス・ヘス（一八一二—一八七五）にも言及する。

†リベスキンドの博物館

プロイセン王国の首都ベルリンにユダヤ人が住み始めたのは、フリードリヒ・ヴィルヘルム、ブランデンブルク選帝侯（一六二〇—一六八八）の時代、一七世紀後半のことだった。そしてベルリンからユダヤ人は消えた。そのベルリンに昨今ユダヤ人たちが戻り始めているという。二〇一〇年であったか、ベルリンに赴き新シナゴーグやユダヤ博物館を訪ねたとき、何の確証もないのにその予感のようなものを覚えた記憶がある。

二〇〇一年に開館したユダヤ博物館はポーランド出身のユダヤ人建築家ダニエル・リベスキンド（一九四六—）の設計で、上空からの写真を見ると、ジグザグの傷口のようでもあれば蛇のようでもあり稲妻のようでもある。ただ、これは、ダヴィデの星の輪郭を一箇所切断した時に星形が折れ線に変わるその形ではないだろうか。旧市立歴史博物館から入館すると博物館の地下に出る。地下は「ホロコーストの軸」「亡命の軸」「持続の軸」という三つの通路の交差と分岐から成っている。「持続の軸」を辿っていくと、地下から急勾配の坂を登って三階に至る。そこから下に降りていくのだが、印象的だったのは、「持続」の出発点として、モーゼス・メンデルスゾーンにきわめて大きな展示スペースが割かれていたことである。

モーゼス・メンデルスゾーンとは誰なのか。メンデルスゾーンというと、読者の多くは『真夏の夜の夢』、あるいはバッハの『マタイ受難曲』を復活させたことで著名なフェリックス・メンデルゾーン（一八〇九―一八四七）を思い起こすだろう。この作曲家の祖父にしてプロイセン王国初のユダヤ人哲学者がモーゼス・メンデルスゾーンなのである。「哲学とは音楽である」、そう明言した哲学者である。

†門から門

「門」をくぐるときにはつねに緊張する。それがどれほど小さな装置であれ、「門」は「お前は誰か」と問いかけ、誰かと誰かを必ず選別するからだ。

「ゲットー」と呼ばれる隔離的なユダヤ人居住空間にも「門」があった。ゲットーという呼称とその成立の経緯については様々な説が提起されているけれども、小谷瑞穂子は、「一五一六年に、ルンガ・スピナ島以外の居住を許されなくなったことが、〔ヴェネチアの〕ゲットーの発生を促したものと判断している」と書いている（『十字架のユダヤ人』サイマル出版会）。その後一七世紀に入って「ゲットー」はとりわけ東ヨーロッパやロシアの各地に築かれた。いずれも、高い壁で囲まれ、人口は百人から五百人程度、夜になると鎖で門は閉ざされた。「せま苦しくて不潔でごみごみした」（ゲーテ『詩と真実』）内部がいかに外部の人々に不快な、薄気味悪い印象を与えたかについては様々な証言がある。

小谷の言う「ルンガ・スピナ島」はクレタ島東部の「スピナロンガ島」のことだろう。一七一五年までヴェネチア共和国によって支配された。一九〇三年クレタ総督によって同島にハンセン氏病の隔離施設が建設され、五〇年余り患者たちを収容した。このことについてはヴィクトリア・ヒスロップ（一九五九―）の『島』やジャン＝ダニエル・ポレ（一九三六―二〇〇四）の映画『秩序』などで描かれているので参照してほしい。

ミシェル・フーコー（一九二四―一九八二）の『狂気の歴史』は、戸外に放たれていた狂人たちが「大いなる閉じ込め」の対象となり、次いでそこからの「解放」（新たな監視）を経験するまでを描いた書物だが、「ゲットー」収容以降のユダヤ人たちの歴史もそれと無縁なものではなかった。一八世紀中葉には、一時的にではなく、「ゲットー」の門を出てそこを去ろうとする者たちが現れた。

門から門へ。都市という要塞には必ず門があるように、プロイセン王国の首都ベルリンにも門はあった。一七四三年一〇月のある日、ローゼンタール門と呼ばれるベルリンの門の前に、一四歳の男子が立った。この男子が後にモーゼス・メンデルスゾーンを名乗ることになるのだ。彼は、ベルリン南西百二十数キロの町デッサウのゲットーにトーラー書記の息子として生まれ、かつて教えを受けたラビ・フレンケルを慕って徒歩でやってきたのである。

当時ユダヤ人が潜ることのできた唯一の門、それがこのローゼンタール門であった。プロイセン王国とベルリン居住のユダヤ人双方の監視が立っている。一度は入場を断られたといわれているが、牛一頭分と同じ身体税を払って彼は市内の人となる。ローゼンタール門の日誌には「本日、ローゼンタール門を、牛が六頭、豚が七匹、ユダヤ人が一人通過した」と書かれているそうだ（藤野寛『「承認」の哲学』青土社八〇頁参照）。六年にわたる苦学の後、このユダヤ人は一七五〇年、裕福なユダヤ人絹商人ベルンハルト宅の家庭教師、会計担当として雇用され、次第に勉学と実業の両面で頭角を現していった。

プロイセン側からすると「モーゼス・デッサウ」（デッサウのモーゼス）、ゲットーの住人からすると「モーシェ・ベン・メンデル」（メンデルの息子モーシェ）はこうして「モーゼス・メンデルスゾーン」〔メンデルの息子モーゼスという意味のドイツ語表現〕と化していった。それは、ユダヤ教の学習に加えて彼が、ドイツ語、英語、フランス語、ギリシャ語、ラテン語といった古今の西洋諸言語、いわゆるライプニッツ・ヴォルフ学派、ロック、シャフツベリー、ルソーなどの哲学、更には美学や数学を学び目を開いていく過程でもあった。その間モーゼス・メンデルスゾーンは重要な出会いを持っている。ひとつは、プロイセンの作家ゴットホルト・レッシング（一七二九―一七八一）との一七五四年前後の出会いであり、もう一つは一七六一年のベルリン・アカデミー懸賞論文をめぐる対決に端を発し、『視霊者の夢』（一七六六年）の献呈を直接のきっかけとしたカント（一七二四―一八〇四）との交流である。

†風狂の哲学者

ローゼンタール門の前に立ったのはもちろんメンデルスゾーンだけではなかった。彼のベルリン入城から三〇数年後のことだが、乞食同然の姿で一度は門を潜ることを拒まれ、ポズナムでの家庭教師で報酬を得て何とかベルリンに住むことのできたもうひとりの男がいた。ポーランド＝リトアニア王国の出身、一二歳にしてユダヤ教のラビとなった人物で、その名をシュロモ・ベン・ヨシュアと言う。ドイツ語名はザロモン・マイモン（一七五三

—一八〇〇）である。

マイモンは、その素行の悪さと思想の危険性ゆえに、せっかく知遇を得たメンデルスゾーンからも絶縁を言い渡され、離婚問題で破門を宣せられ、ベルリンのユダヤ人墓地の敷地内に葬られることさえなかった。しかし、『超越論的哲学についての試論』（一七九〇年）の著者としてドイツ観念論にその名を刻んだ。これはカントの批判哲学への最も手ごわい挑戦状であった。

この時代のユダヤ系哲学者として、ともすればメンデルスゾーンだけをクローズアップする傾向が見られるが、メンデルスゾーンのかたわらにこの風狂の哲学者がいたこと、もっと言うなら、カントの両脇に二人の対照的なユダヤ人哲学者がいたことを、私はどうしても指摘しておきたい。「対照的な」というのは、わけてもスピノザをめぐって、二人のユダヤ人哲学者は相反する見解を抱いていたからだ。自伝のなかでマイモン自身も「メンデルスゾーンがどれほど努力しようとも、スピノザの哲学は正しいという私の意見を変えさせるには至らなかった」と書いている。メンデルスゾーンの友人レッシングの死に際して生じた「汎神論論争」もスピノザを争点とするものだった。この点についてはすぐ後で詳述する。

門は彼らに「お前は誰か」と問いかけた。この問いには、ゲットーの壁のなかから姿を現した者たちへの猜疑と驚きが込められてもいた。この問いに何と答えればよいのだろうか。

†善きユダヤ人

それについて、こんなことを言ったひとがいる。「お前は誰か——私は多年にわたって、この問いに対する唯一の適切な答えは「ユダヤ人である」(ein Jude) だと考えていたことを打ち明けざるをえない。この答えだけが迫害という現実を考慮に入れたものだからだ。「ユダヤ人よ、近う寄れ」という命令に対して賢者ナータンが行った言明 (実際には言語表現となってはいないが) ——「私は人間です」という言明について、私はそれをグロテスクで危険な現実回避以外のものではないと考えていた。」

これは、哲学者ハンナ・アーレント (一九〇六—一九七五) がレッシング賞を受賞した際、記念講演で言った言葉だ。「賢者ナータン」とはレッシングがその死の二年前に発表した戯曲『賢者ナータン』の主人公であり、そのモデルとなったのがメンデルスゾーンだと言われる。

この戯曲に先立つこと三〇年、レッシングはずばり『ユダヤ人』と題された戯曲を世に問うている。暴漢に襲われた旅中の父娘をある騎士が救うのだが、最後にこの人物は自分がユダヤ人であることを打ち明ける。「それがどうした」と思われる方もいるかもしれない。けれども、「善きユダヤ人」がいるということそれ自体がセンセーションを巻き起こすそんな状況だったのである。

当時、ヨハン・ダーフィト・ミヒャエリス（一七一七―一七九一）という聖書学者がいた。聖書のドイツ語訳を試み、ヘブライ語にも堪能であった。そのミヒャエリスが『ユダヤ人』に描かれたユダヤ人は、実在のユダヤ人とはおよそかけ離れていると、レッシングを非難したのだ。そのとき、レッシングはミヒャエリスに宛てた書簡で、メンデルスゾーンを例に挙げてこう応酬している。

「彼〔メンデルスゾーン〕はたしか二〇歳そこそこだが、何ら教育も受けていないのに、言語、数学、哲学、詩歌に大変造詣が深い。彼の同信者たちはとかく彼のような人物に対してこれまで残念な敵愾心を抱いてきたようだが、彼については特にそれを改めて、ちがった育て方をするならば、すでに今から私は、彼が必ずや彼の民族（Nation）の誉《ほまれ》となるだろうと思っている。彼の誠実さと哲学的精神は、今から私をして、彼を第二のスピノザに比したい気持ちにさせているのです。」

レッシングはNationという語を使っている。それにしても、「第二のスピノザ」という表現は、いかがなものだろうか。メンデルスゾーンがレッシングに宛てて「私はスピノザ主義の虚偽を確信している」と書き送っていることを思えば、メンデルスゾーンにとっては迷惑な、皮肉な賛辞であったかもしれない。ミヒャエリスの論評に接したメンデルスゾーン自身は、その先生であったアーロン・エメリッヒ・グンペルツ（一七二三―一七六九）に宛てて怒りをあらわにしている。

「抑圧を被っているわが民族（Nation）に対する何という侮辱でしょう！　何と凄まじい憎悪でしょう！　キリスト教徒の庶民は以前からわれわれを自然の屑、人間社会の病弊とみなしてきました。人々はわれわれを踏みつけ続け、自由で幸福な市民（Bürger）に囲まれた、肩身の狭い暮らしだけをいつもわれわれに残し、それればかりか、われわれを万人の嘲弄と憎悪にさらしているのです。迫害された魂の唯一の慰め、見捨てられた魂の唯一の避難所である徳（Tugend）までもわれわれから奪い去らないでください。」

「徳」という語はこの書簡のなかで、「人間性」（Menschlichkeit）、「人倫」（Sittlichkeit）、「善への自然な愛」など様々に言い換えられ、書簡の最後の部分では、「憐れみ」ないし「同情」（Mitleid）と「寛大さ」（Mildigkeit）という語が登場する。そして、「正義」を危うくしかねないほどの「憐れみ」と、「浪費」と移りかねないほどの「寛大さ」が《ユダヤ》の特質とみなされているのだ。もっとも、「正義」を「普遍的正義」へと昇華させるためにこのような大げさな表現が使われていることは忘れてはならない。

そのメンデルスゾーンは、「啓蒙とは何か、という問いについて」（一七八四年）で、人間の使命を「人としての人間」の使命と「市民とみなされた人間としての使命」に分類し、両者の調和および齟齬の可能性を探っている。市民と見なされない人間にとって唯一のものが人間としての使命であり、それが普遍的倫理性であったのだ。そのような見地は歴史的情勢をいささかも顧慮していない、とアーレントはメンデルスゾーンを批判した。だが果たしてそうなのだろうか。

†啓蒙と幸福

ユダヤに対する「凄まじい憎悪」があるからこそ、メンデルスゾーンは時代の寵児となった。彼の著書『フェードン、あるいは霊魂の不滅について』（一七六七年）は「二年間で三版を重ね、英語、フランス語、オランダ語、イタリア語、デンマーク語、ロシア語、ポーランド語、ハンガリー語、ヘブライ語に翻訳された」（内田俊一「モーゼス・メンデルスゾーンという悲劇」）。この異常なまでの歓待は、ユダヤ人がドイツ語で哲学書を書くことへの大きな驚きと表裏一体をなしていた。今『フェードン』を読んで、そこに何かユダヤ教的なものを見出すのはむしろ難しい。ただ、メンデルスゾーンがこの本のなかで、死は何ら悲しい出来事ではないとソクラテスに語らせながら、「ダイモーン」を神に換え、「叡智はすべての徳の源泉である」という立場を前面に押し出し、更には「叡智」と「幸福」を関連づけているのは実に印象的である。

一七七六年のアメリカの独立宣言には、「創造主」によって「幸福の追求」が保証されたとの言葉が記されているが、このこととメンデルスゾーンとの連関を指摘する論者もいる。『人間と市民の諸権利についての宣言』にも「共通の幸福」「万人の幸福」という語が使われている。いわゆる功利主義における「幸福」の理論化をそこに加えることもできる。そうした状況の源泉に、メンデルスゾーンの存在があったというのだ。カントに比して凡庸な哲学者とみなされることが常のメンデルスゾーンであるが、彼が「幸福」という極めて大きな、そして至極厄介な問題系を拓いたことの意義は、どれほど強調しても足りないだろう。

もっとも、「啓蒙とは何か」という問いに対する先の回答の末尾で、メンデルスゾーンは一方では「市民的使命」と「人間的使命」との齟齬を克服できない国家ないし国民を「不幸」と形容している。他方で、その不幸を克服したとしても今度は「幸福の過多」がこの国家、国民を堕落に導くとも言っていた。彼は「啓蒙の限界」をも察知していたのである。

†「有用な市民」

一四世紀以来、ストラスブールでは夜間のユダヤ人の滞在は認められていなかったという。ストラスブールのあるアルザス・ロレーヌ地方では、域内に住むユダヤ人たちには、それ以外にも様々な制限が課せられていた。

それに反撥したユダヤ人のひとりがアルザス・ユダヤ人の指導者セルフ・ベール（一七二六―一七九三）であった。接触の経緯は不明だが、ベールは、ユダヤ教徒を擁護する必要性をフランス王政府に訴えるために、覚書の執筆をメンデルスゾーンに依頼したと言われる（菅野賢治『フランス・ユダヤの歴史』上、慶應義塾大学出版会、一八五頁）。依頼されたメンデルスゾーンは、非ユダヤ教徒が執筆したほうが効果があると考え、ベルリンの官吏クリスチアン・ヴィルヘルム・ドーム（一七五一―一八二〇）に執筆を依頼する。そうして書かれたのが『ユダヤ人の市民的改善について』（一七八一年）であった。

ドームは、ユダヤ人は様々な国に散らばりながらも、現に住んでいる国を故郷として愛しており、粗野なジプシー的な存在でも無作法な避難民でもなく、市民社会の一部を成すべきである、としている。ドームはそのための諸条件を具体的に示し、この文書は、ユダヤ人に対する人頭税の廃止、寛容令の発布など、プロイセンにおいて実際的効力を発揮した。しかし、そもそも「改善」という言葉それ自体、ユダヤ人は二級市民であるとの認識を前提としていることは忘れてはならない。

翌年、もうひとつの書物が出版された。その表紙には「ドームの『ユダヤ人の市民的改善について』の補遺として」とある。スピノザの時代、アムステルダムのユダヤ人コミュニティーの学校「タルムード・トーラー」の教師を務めていたラビのひとりマナセ＝ベン・イスラエル（一六〇四―一六五七）の『ユダヤ人の救済』(Vindiciae Judaeorum, 1656) のドイツ語訳であり、メンデルスゾーンはこの訳本に序文を寄せている。著者はイベリア半島出身で、イサック・ルーリア（一五三四―一五七二）のカバラの熱烈な信奉者でもあった。一二九〇年以来永くユダヤ人追放の状態にあったイギリスのクロムウェルに、一六五五年、ユダヤ人復帰の嘆願書を出したことでも有名である。

これらの著作を学んで一七八七年に『モーゼス・メンデルスゾーンについて、ユダヤ人の政治的改革について、特に一七五三年に大英帝国で企てられたユダヤ人のための革命について』を世に問うた者がいる。フランス革命初期に活躍した立憲王政派の政治家ミラボー伯爵（一七四九―一七九一）である。一七五三年とあるのはイギリスで「ユダヤ人帰化法」が成立したことを指している。『人間と市民の諸権利についての宣言』の起草にも係わったミラボーは同書にこう書いている。

「アジア出身であるからとか、髭や割礼や神を称える独特な仕方で他の人々とは異なるといった理由で、この勤勉な人々〔ユダヤ人〕が国家にとって有用でないと確信するのは難しい。」

「有用性」〔効用〕(utilité)、「有用な市民」といった観念が、ユダヤ人とその市民権という問題解決の鍵であった。その判断材料とされるのは、ユダヤ人の「生産性」、そしてまたルソーが人間と動物を分ける能力とみなした「向上可能性」である。ミラボーによると、「この民族は他の民族と同様、より良き者、より幸福な者になる能力を授けられている」、だからこそ彼らの政治的改革は可能なのである。ユダヤ人に対する偏見を一掃し、彼らを農業や手工業など生産的な労働に従事させ、人間と市民の権利を与えるなら、ユダヤ人もまた現在の「堕落した状態」から脱け出して、国家と人類にとって有用な存在になる、というのだ。

ミラボーにとって、このような改善、向上を妨げているのは、ユダヤ人の「商業の精神」「利子の精神」にほかならなかった。「商人は他の人々を敵もしくは競争相手とみなすことに馴れてしまう。商人の魂は狭隘化し、彼の感性は鈍磨し、さもしい利害や飛び切りの贅沢がそれに取って代わる。」

実を言うと、『ユダヤ人の救済』ドイツ語訳への序文はメンデルスゾーンが「有用性」

と「商業」に言及した数少ない論考のひとつだった。

†商業の精神

ユダヤ人は何も生産しない、といわれる。ユダヤ人は生産物や原料をある場所から別の場所へと運ぶ「仲介者」であるか、単なる「消費者」でしかない、と。しかし、考えてみたまえ、とメンデルスゾーンはここで問いかける。手工業によって生産される有形のものだけを生産物とみなし、そのような生産物を生産する者だけを国家にとって有用な者とみなすなら、国民の大部分が単なる消費者になってしまうだろうし、教師や兵士も無用の存在とみなされるだろう。それに、仲介者は生産者にとっても消費者にとっても不可欠な存在ではないか。仲介者がいなければ、生産も消費もありえないし、その意味では、国の安全のために貢献する兵士と同様、仲介者も生産者より以上に「生産」しているのだ。

メンデルスゾーンにとっては、仲介者の機能は、競争を通じて商品の価格を制御し、売買の権利における「無制約な自由と平等」を確立することに存していた。つまり、自由競争による「交換の正義」「流通の正義」の確立が想定されているのだ。興味深いことにメンデルスゾーンは、このような事態が実現されている都市としてアムステルダムを例に挙げている。スピノザの『神学・政治論』第二〇章の次のような描写を踏まえていたのだろうか。

「隆盛を誇るこの素晴らしい町では、いかなる民族的出自、いかなる宗教的宗派に属しているかとはまったく無関係に、すべての人々がこのうえもない協和のなかで生きている！投資する場合には、市民たちは、取引の相手が富者か貧者か、信用できる相手か詐欺師の噂のある相手かを気にかけるだけである。」

いずれにしても、仲介者、消費者としてのユダヤ人も国家にとって有用な存在たりうることがこうしてメンデルスゾーンによって主張されたのだ。結論を述べるにあたって、メンデルスゾーンは微妙な区別を設け、「身分の卑しいユダヤ商人も単なる消費者ではまったくなく、国家にとって有用な居住者（市民とは言うまい）であり、本物の生産者なのである」と書いている。「市民」（ビュルガー）と「居住者」を区別しているのである。

次項で取り上げる『エルサレム』（一七八三年）の末尾にも、これと呼応する切迫した叫びが刻まれていた。「われわれのことを同胞・兄弟とみなすことができないとしても、せめて、共にある人間（Mitmenschen）、共に住む人間（Miteinwohner）とみなして欲しい」というのだ。

後述するとおり、「同胞・兄弟」はマルクスのキーワードであり、「共にある人間」はヘルマン・コーエンのキーワードである。それにしても、「市民」ならざる「共に住む人間」

とはどのような者なのか。「市民」が都市の「居住者」であるとすれば、「市民」ならざる「共に住む人間」はどこに、どのように住むのか。移民、難民、外国人居住者、ホームレス、不法滞在者など「住むことの危機」(マルティン・ハイデガー)が劇的に高まる今、そこから私たちは何を学ぶべきなのか。

エドワード・サイードは、むしろイスラエルによる占領下でのパレスティナ人たちの居住を「対抗-居住」(counter-habitation)、「抵抗としての居住」と名づけた。そのような問題が《ユダヤ》と共に提起され、様々に生きられてきたことは忘れてはならないし、追放でも占拠でもない居住様式が可能なのかどうか、それが今まさに問われていると言っていいだろう。

†国家と宗教、その境界

ここで、「国家と宗教」という視点から、「共に住む者」という新たなカテゴリーを考えてみよう。

『ユダヤ人の救済』への序文で、メンデルスゾーンは、「市民」に係るものと「教会」に係るものとの「境界線は、どれほどの慧眼をもってしてもほとんど識別不能である」と書いている。しかし、この識別不能な境界を確定すること、まさにこれが『エルサレム、もしくは宗教的権力とユダヤ教について』の課題であった。

国家と宗教の境界はどこにあるのか。双方共に「共同的最善」を目指すものでありながらも、国家は、人間同士の関係において人間を捉えその「行動」(Handlung)と係わり、宗教は、神との関係において人間を捉えその「志操・心情」(Gesinnung)と係わる。こうした対象の相違は、両者が用いる手段の相違でもある。

国家は「法」(Gesetz)を、宗教は「戒律」(Gebot)を用い、前者は「統治」、後者は「教導」と呼ばれる。「法」の侵害に対して国家は物理的威力を行使するが、宗教的「権力」は「愛」と「慈善」であって、最後まで違反者を見捨てることはない。

では、このような文脈のなかでユダヤ教はどのような位置を占めるのだろうか。『エルサレム』でのメンデルスゾーンは、ユダヤ教は「啓示宗教」ではなく「啓示された立法」(geoffenbarte Gesetzgebung)である、と定義している。しかし、「法」という語は国家について用いられていたのではなかったか。「啓示された立法」は「神的立法」とも言い換えられているけれども、それは政治的法と宗教的戒律、人間関係と神‐人間関係が分裂する以前の状態を指している。曰く、「モーセからわれわれが授かったこの神聖な書物は法律書(Gesetzbuch)であるが、周知のように、それはまた理性的真理と宗教的教えの無尽蔵な財宝をも含んでいて、この財宝と〔モーセの〕法は一体化していると言っていいほど密接に結びついている」。

ここにいう「無尽蔵な財宝」は「人間の普遍的宗教」と呼ばれてもいる。そうであるなら、『フェードン』における「普遍的倫理性」と同じように、ユダヤ教は「人類の普遍的宗教」なのだろうか。決してそうではない。それはあくまで「われわれ〔ユダヤ〕に授けられた法律書」でしかない。しかし、ユダヤに与えられた法も、普遍の法も、両者は「ほとんど同じもの」なのだ。

†原 - 筆記の痕跡

『エルサレム』は次章で取り上げるように「言語」に関するひとつの理論を内蔵していた。「人間の普遍的宗教」が可能であるためには、時間的・空間的に限定された特定の人々にのみ理解可能な文字で伝達されてはならない。では、「無尽蔵な財宝」は文字に拠らないものなのだろうか。

そうではない。それはメンデルスゾーンによると、「あらゆる時、あらゆる場所で判読可能、理解可能な文字（Schrift）によって魂のなかに書き込まれている」というのだ。魂は「無記の板《タブラ・ラサ》」ではない。この点でメンデルスゾーンは、「構想力・想像力」の「図式《スキーム》」を「モノグラム」（一筆書きのごときもの、または花押と呼ばれる印章のごときもの）に譬え、それを「魂の暗闇に隠された技芸」と呼んだカントに近い立場にいると言えるだろう。また、デリダが『グラマトロジー〔書字学〕について』で「原‐筆記」と呼ぶものを想起することもできるだろう。

メンデルスゾーンは『創世記』で語られるバベルの塔の破壊以前の単一言語状態を想定している。しかし、実際のユダヤ教はどうかというと、ほとんど同じ境涯にありながらも、やはりバベルの塔破壊以降の多言語状態に属してもいる。そしてメンデルスゾーンはこの状態を「永遠の真理」ならざる「歴史的真理」と呼ぶのである。

「歴史的真理についての情報、それも特に民族（Nation）の父祖たちの生活のあり方や、彼らが抱いていた真の神についての知識や、その神を前にした彼らの振る舞いや、更には、彼らの過ちとそのために父なる神から彼らに下された懲罰や、神が彼らと結んだ契約や、神と彼らとのあいだで何度も結ばれた契約等々――これらのことについての情報がやがて父祖の子孫たちを、神に捧げられた民族たらしめることになる。」

ユダヤ民族は「共通の記憶」ないし「情報」を民族的絆とすることでひとつの「物語」として成立する。と同時に、「啓示された立法」としてのユダヤ教もまた「人間の普遍的宗教」の痕跡を残しつつ「モーセの体制」として成立する。そこでは、国家と宗教はいまだ渾然一体を成している。

この段階でのユダヤ教は 普遍的宗教の痕跡を刻まれているとはいえ、あるひとつの民族の「法」かつ「戒律」であって、その意味では、スピノザが『神学・政治論』で主張したように、このユダヤ教を古代ヘブライ国家の「国法」(lex repubicae) とみなしたとしても決して誤りではない。

この点でも、メンデルスゾーンはスピノザに従っているように見える。けれども、『神学・政治論』にはメンデルスゾーンが決して受け入れることのできない主張が含まれていた。

†『神学・政治論』との対決

スピノザは国法たるユダヤ教を「物質的利得」に結びつけるとともに、そこでの「神統政治」(フラウィウス・ヨセフス)を、「外界との交渉なしに自分たちだけで暮らし、自分たちの限界内に閉じ籠った人々」だけに役立つものとみなした。この「囲い」を破って普遍的な愛と生後の道徳を説いた者として、たしかにスピノザはキリストの名を挙げている。スピノザはまた、ユダヤ教の閉鎖性を糾弾したキリスト教のコレジアント派と親密な交渉を持った。

しかし、他方でスピノザは、新約と呼ばれるテクスト群についての批判的読解をも実践した。ここにキリスト教への接近だけを読み取るのは論外であろうし、スピノザは旧約と呼ばれるテクスト群からも普遍的道徳を語った幾つかの聖句を引用していることを忘れてはならない。ただ、このスピノザのような方法で旧約から新訳への移行を捉えることは、メンデルスゾーンには到底できなかった。

「神との契約はもはやインクで書かれるべきでも、石版に書かれるべきでもなく、霊をもって心に書き込まれるべきである」とは、『神学・政治論』第一八章の言葉である。「石版」が旧約、「霊」が新約を示唆しているのは明らかだが、それに対してメンデルスゾーンは、「人間の普遍的宗教」のなかで最も古くに生まれたものとしてユダヤ教を捉えたのである。

とはいえメンデルスゾーンは、古代ヘブライ国家の神統政治は長きにわたって維持されなかったという点では、スピノザと意見を同じくしていた。他の諸民族と同様、ヘブライ人たちも可視的な王を求めたのだ。メンデルスゾーンによると、国家の瓦解とともに、国家と宗教はもはや同じひとつのものではなくなった。ところがメンデルスゾーンは、スピノザとは逆に、ユダヤ教の「儀礼法」を遵守し続けるようユダヤ人たちに訴えた。「移り住んだ土地の慣習と憲法に従いなさい。しかし、父祖の宗教を断固として守りなさい」、と。

レッシングが自分はスピノザ主義者であると打ち明けたというヤコービ（一七四三—一八一九）の証言をきっかけとして、その真偽をめぐって「汎神論論争」なるものが起こった。「汎神論」とはスピノザの哲学を指す語である。メンデルスゾーンもこの論争に巻き込まれた。メンデルスゾーンは、スピノザが「実体」を絶対的無限として定義することが理解できなかった。そのため、無限は有限からは合成できないという理由で、哲学的にはスピノザを拒絶した。また、今見たように、スピノザのユダヤ教理解にもメンデルスゾーンは反対した。けれども、スピノザが、愛と正義の普遍的教えを人間に刻印する神の印章のごときものとして聖典を捉えた点に、メンデルスゾーンは自身の語る「人間の普遍的宗教」との近接を認める。それを「浄化されたスピノザ主義」と名づけ、それとユダヤ教との共存の可能性を指摘してもいる。

†掟の内と外

それにしても、なぜ父祖の宗教を捨ててはならないのだろうか。それも、父祖の宗教を捨てなければ市民権を得られないのなら、市民権取得を諦めるというのだ。

第一に、たとえキリスト教に改宗したとしても、キリスト教それ自体がユダヤ教から生まれたのだから、父祖の宗教とその軛《くびき》から逃れたことにならない。第二に、改宗を促す動機のひとつとして「信仰の統一」なる理念があるけれども、それはロックの言うような「寛容」の原理に抵触するものであってはならない。ユダヤ教徒にとどまっていてもいいわけで、それを許容しないなら「寛容」は「偽の寛容」でしかない。

だが、いずれの理由も消極的な理由でしかない。そこで『タルムード』の中のサンヘドリン篇の言葉が援用された。曰く、「掟のなかに生まれなかった者は掟に繋がれる必要はない。けれども、掟のなかに生まれた者は掟に従って生き、掟に従って死ななければならない」。ユダヤ教の伝承において「父祖の徳《ゼフート・アヴォート》」なるものが格別な効力を持つことを思えば、これは単なる同語反復では決してない。けれども、その効力をもはや実感できない者は、父祖の掟など合理的根拠のないものだと考えるのではないだろうか。

事実、あたかもこのタルムードの言葉が何の拘束力も持たないことを証明するかのように、メンデルスゾーン自身の子供たちを筆頭に、数多のユダヤ人たちがメンデルスゾーンの死後改宗し、それと併行して改革派ユダヤ教の運動も拡大していった。モーセ五書をメンデルスゾーンがドイツ語に翻訳したことも、皮肉にもこの動きを助長したと言えるかもしれない。

掟の内と外。しかし、どこに境界線はあるのか。それは果たして一本なのか。誰がその内にいて、誰がその外にいるのか。内は内なのか。外は外なのか。メンデルスゾーンはまさにこの問いを惹起したのだ。この事態のなかで幾つかの方途が分岐したと筆者は考えている。

†微分の「ラビ哲学」

すでに第二章で「無限小のもの」「微分的差異」に言及した。これは一九世紀フランス・ドイツ哲学の核心をなす問題のひとつだった。シャルル・ルヌヴィエ（一八一五―一九〇三）は微分法を学びつつも、無限小であれ無限大であれ、現実的な無限を矛盾した観念として斥けた。後にカントールは彼のことを有限主義の旗頭であったと捉えている。ただ、そのルヌヴィエから、タルドやジャンケレヴィッチのように「無限小のもの」「微分的差異」を積極的に援用する哲学者が生まれたとも言える。

ルヌヴィエは「物自体」を消去し、「関係」を「カテゴリー」（範疇）の筆頭に置いた新カント派の哲学者でもあった。この文脈で想起されるのは、同じく新カント派の哲学者ヘルマン・コーエンが一八八三年に『無限小の方法の原理とその歴史』を出版していることであろう。そしてまた、コーエンに先立って「微分」を前面に押し出したユダヤ人哲学者がいたということである。それがザロモン・マイモンだったのだ。

ひとつ逸話を挟んでおくと、メッス出身のモーシェ・エンサスハイムなるユダヤ人はメンデルスゾーンから多大な思想的影響を受け、ベルリンのメンデルスゾーン家に家庭教師として住み込むほどの心酔ぶりであったが、その晩年には『微分積分学研究』（一七九九年）を出版して高い評価を得たというのである（菅野前掲書『フランス・ユダヤの歴史』上、一八九頁参照）。

マイモンの『超越論的哲学試論』はフィヒテ（一七六二―一八一四）をして「カント哲学全体を覆した」と言わしめた書物だが、それによると、受容的な感性と能動的な悟性を（いずれも構想力に淵源するとはいえ）互いに異質な能力とみなすカントの学説では、「いかにして悟性はその力能に含まれていないものを自分の力能に従わせうるのか」という「恐るべき問い」（ドゥルーズ『カントの批判哲学』）を解くことはできない。だが、感性を悟性の劣った段階とみなすライプニッツ＝ヴォルフ学派の説を援用すればこの問いはすぐに解くことができる。

誤解を恐れずに言えば、マイモンの哲学は「悟性の一元論」なのである。「理念」が「無限の悟性」（無理数に譬えられている）と呼ばれていることも、また、「神－世界－人間」の「三位一体」（！）が語られるのもそのためであろう。そこでは、感性（理性もまた）は悟性の変容、悟性という能動性が零度へと漸減していく過程の極限なのである。翻って言うなら、「悟性」はその対象の存在を感性から受け取るのではなく、みずからその対象の存在を「産出」するのである。

マイモンにあっては「超越論的自我」が「造物主」のようなものへと不当に格上げされているると非難される所以《ゆえん》であろう。だが、ここで銘記すべきは、思考対象それ自体の「産出」が、「微分」という無限小の差異による個体的対象の生成を意味していたという点である。「悟性は現実を流動的なもの（fließend）以外の仕方では捉えられない」とあるように、マイモンは「個体」の輪郭ないし限界の流動性を「微分」として捉えている。既成の「個体」があってその諸「個体」のあいだに差異があるのではなく、差異化のダイナミズムのなかで「個体化」と「脱個体化」が生じるのだ。この境界画定が個体Aを個体Aとして、個体Bならざるものとして暫定的に定めるのであれば、「微分」が、「微分的差異」がこの対象の「本体《ヌーメノン》」であることになるだろう。

「差異的－微分的哲学の秘教的な歴史には、三人の名前が鮮烈な光を放っている。まずはザロモン・マイモン。彼は逆説的にも、微分法に関するライプニッツ風の再解釈によってドイツ観念論の基礎を築いている」〔他の二人はヘーネ・ロンスキとボルダス＝ドゥムーラン〕と記したのは『差異と反復』（一九六八年）のジル・ドゥルーズであった（河出書房新社、二六三頁）。「概念と直観〔悟性と感性〕のカント的二元性を克服しようとして『純粋理性批判』に根本的修正を要請している」（同右二六六頁）との前提に立って、ドゥルーズは、私が今語ったような、微分的悟性による理性的理念と感性双方の変容に言及している。マイモンによるこの変容は、いわゆる感性の更に地下で作動するような「理念的多様体」というドゥルーズ自身の哲学にとっても必須の契機であったと思われる。

因みに、マイモンに代表される微分的‐差異的哲学の効果は、ドゥルーズにあっては、マルクスにも及ぶものであった。また、ドゥルーズはマイモンに続いてヘルマン・コーエンにも触れて、「コーエンが、カント哲学の再解釈において、諸々の強度量〈内包量〉の原理に十分な価値を認めているのはもっともなことである」(同右三四七頁)と言っている。「無限小なもの」は「有限のなかの無限」である。スピノザにおける「個体」〈様態〉もそのようなあり方をしている。おそらくプロイセンの神学者ヨハン・ゲオルク・ヴァヒター(一六七三―一七五七)の『ユダヤ教におけるスピノザ主義』(一六九九年)を踏まえてであろうが、マイモンは「カバラは拡大されたスピノザ主義である」と主張する。そのマイモンのなかでは、「有限のなかの無限」は、「無限《エン・ソーフ》」の「収縮《ツィムツム》」というカバラの構想と無縁ではなかったかもしれない。実際マイモンは、『ユダヤ神秘主義の主潮流』などの著書ゲルショム・ショーレム(一八九七―一九八二)が最も知的なカバラ主義者とみなしたモーセ・コルドヴェロ(一五二二―一五七〇)を高く評価していた。

その一方で忘れてはならないのは、マイモン自身がラビであり、「ラビ哲学」なるものを称えつつも、ベルリンでの生活を、宗教的迷信・偏見や祭祀的慣習の枷《かせ》からの解放とみなし、ラビたちの支配の硬直化を厳しく非難していたことである。そのため、マイモンと正統派ラビたちとの関係は友好的なものでは決してなかった。

リトアニアに残してきた妻との離婚調停をユダヤ人共同体の裁判所に申し出た際にも、マイモンはラビたちの勧告に素直に従おうとはしなかった。首長ラビは怒りに震えながら、「主の名においてお前は異端者として呪われるだろう」と宣告する。スピノザの破門のことを連想しないわけにはいかない。ただしマイモンにとって、ユダヤ教の戒律を遵守するかしないかは個人の主観的な利害計算に帰着するもので、破門とて当該者に不幸をもたらすものではなかった。

メンデルスゾーンは掟の内に生まれた者に棄教と改宗を禁じた。マイモンは内にいるのだろうか、それとも外にいるのだろうか。「微分」は内でも外でもない、同でも他でもない、故郷でも異郷でもない不可思議な境位にほかならない。マイモン自身の言う「漂泊」(Streifereien)とは、この複雑な「境界地帯」(Streifen)にして無限小化し続けるこの迷宮を彷徨することを指しているのではないだろうか。

私は本書でこのような「境界地帯」を《ユダヤ》と呼び、それに「ゴースト」という異名を与えた。それはまた、イスラエルから追放されたレバノンの兵士たちがしばしばそこで暮らさざるをえなかった、イスラエルとレバノンの狭間たる「無人境《ノーマンズランド》」でもある。それはあなたの居場所でもある。林達夫はこのことを「無人境のコスモポリタン」と呼んだのではないだろうか。

第 4 章

エコノミー・ポリティック
——何を為しているのか?

――貨幣は貧者の血である。(レオン・ブロワ)

私は日々何かを与え、何かを受け取り、何かと何かを交換し、何かを分かち合っている。何かを生産し、何かを運び、何かを消費している。何かを売り、何かを買う。それを通じていったい私は何を為しているのか。何を欲望しているのか。《ユダヤ》を資本主義の発生と結びつける主張〔いわゆるゾンバルト・テーゼ〕を受け入れるかどうかはともかく、《ユダヤ》が貨幣経済と不可分に結びついていることは間違いない。例えばマルクスが《ユダヤ》を「貨幣人間」と形容したとき、彼は何を言おうとしていたのだろうか。モーゼス・ヘスが社会主義からシオニズムへと向かったことと、ヘス自身の貨幣論はどのように関係していたのだろうか。彼らとは逆に、どうしてレヴィナスは貨幣のうちに新たな正義の可能性を看取しえたのだろうか。《ユダヤ》を通して、貨幣の発生、剰余価値の謎と取り組んでみたい。

†ヘスとは誰か

メンデルスゾーンはドイツの《ユダヤ》再会と和解の象徴である。後藤正英は、「二〇〇七年一〇月にベルリンで、三百人を超えるモーゼス・メンデルスゾーンの子孫が世界中から集まって一同に会する機会があった」と書いている（「モーゼス・メンデルスゾーンと政教分離」、『ユダヤ人と国民国家』岩波書店、二〇九―二一〇頁）。「ディアスポラ」を統合する象徴的存在としてのメンデルスゾーン。しかし、「ディアスポラ」の統合という点では何よりも、ユダヤ人のパレスティナへの帰還とユダヤ人国家の再建をめざした「シオニズム」を挙げなければならない。

「シオニズム」にも多様な立場がある。たとえばイスラエル国初代首相ダヴィッド・ベン＝グリオンは「ディアスポラ」を「根無し草」とみなし、「ディアスポラ」の全面的解消をめざした。そのベン＝グリオンにとって格別な存在だったユダヤ人哲学者のひとり、それがモーゼス・ヘスだった。

ベン＝グリオンはヘスの遺灰を、ケルンから「エレツ・イスラエル」（イスラエルの大地）にわざわざ移送させた。それはヘスがシオニズムの書『ローマとエルサレム』（一八六二年）の著者であったからだ。

一方でヘスは、この書物の著者としてより、マルクスやエンゲルスを社会主義、共産主義に導いた人物として知られている。ヘスと、特にマルクスとの交渉についてはかつて廣松渉と良知《らち》力との有名な論争があり、『ローマとエルサレム』の和訳は、良知編の『ヘーゲル左派論叢　第三巻』に抄訳ではあるが収められている。とはいえ、ヘスが社会主義、共産主義とシオニズムとの双方に係わったことに十分な考察が加えられてきたかというと決してそうではない。

マルクスとヘスが出会ったのは一八四一年、この年、ヘスは『ヨーロッパの三頭政治』を発表し、マルクスはスピノザの『神学・政治論』を読解研究してその膨大な抜書を作成していた。この研究・抜書は「マルクスにおける一貫した主題設定」を示すもので、革命的ジャーナリストとしてマルクスが新たな出発を切った、思想上のスプリングボードとなったと言う論者さえいる（鷲田小彌太『スピノザの方へ』三一書房）。

ケルンで砂糖製造業を営む富裕なユダヤ人家庭に生まれたヘスは、一方でトーラーとタルムードの学習を続けながら、他方では誰よりもスピノザに心酔していた。それは、公刊されたヘスの最初の著作が『スピノザの弟子による人類の聖史』（一八三七年）と題されていることからも納得される。前掲の『ヨーロッパの三頭政治』にも、スピノザとユダヤ精神との絆を強調する一節が見出される。

ヘスによると、スピノザの教えは、「各人にその持分を」という個人主義的、利己主義的原理のラディカルな否定にあった。そしてそれがスピノザと《ユダヤ》との共通点だというのである。「ユダヤ民族ほど利己主義と縁遠い民族は他に存在しない。ユダヤ人においては、集団的責任の原理が十全な価値を維持してきた。「各人にその持分を」というブルジョワ的道徳がスピノザによって大罪のように糾弾されている。」

†パリ亡命

一八四八年のいわゆる「三月革命」の挫折後、ヘスはパリに亡命する。ユダヤ民族の苦しみを知りつつも、ヘスはプロレタリアートの大義最優先の立場を貫いてきた。しかし、一八五八年のいわゆるモルタラ事件――ボローニャで起きたユダヤ人少年のカトリック信者による誘拐事件――に深い衝撃を受け、一八六一年から六二年にかけて『ローマとエルサレム』を執筆することになる。ヘス自身「二〇年にわたる離別の後で、私は自分の民族のもとに帰還した」と述懐している。

彼は労働者の社会主義運動からユダヤ民族問題、それもシオニズムへと単に転向したのではない。というのも、『ローマとエルサレム』でもヘスは、「メシアの時代、それはわれわれの時代である。この時代はスピノザとともに芽生え、フランス革命とともに歴史のなかに登場した」と述べて、スピノザとメシアの時代とフランス革命を連結し、続いて、『ヨーロッパの三頭政治』とほぼ同じ言葉を語っているからだ。

「ユダヤ民族ほど利己主義と疎遠な民族はいない。スピノザの『デカルトの哲学原理』では、「各人にはその分を」は最も重い罪として糾弾されている。ユダヤ教のすべての聖人たちと同様、スピノザは個人を共同体と対立させて、個人を孤立させることはなかった。」

ヘスは「自然は民族など創らなかった。個人を創っただけだ」というスピノザ『神学・政治論』の言葉を読まなかったのだろうか。いずれにしても、ヘスはスピノザの『神学・政治論』の言葉にシオニズム擁護の励ましを聴き取り、まさにスピノザのお陰でユダヤ民族は、心身二元論、ギリシャ思想との確執を乗り越え、人類に道徳的自由を伝えうる集団と化したのだと主張する。彼にとっては、シオニズムはモーセの原理と社会主義の原理双方の実現を目指すものになったのである。

†シオニズムと社会主義

では、ヘスはユダヤが民族の土地を回復する必要性について、どのような論理で説明したのだろうか。彼によれば、ユダヤ民族が社会主義的な分配を行うにあたって障壁になってきたのは、民族共通の土地が無いということだった。だから、博愛主義・社会主義の基盤として、土地の回復が必要だというのである。

「ユダヤ人の博愛主義者たちは、エルサレムでもその他の場所でも、施しや善行の制度によって、同胞たちの現世的不幸を癒そうとするとき、克服し難い困難にぶつかった。それを回避するためには、民族共通の土地を獲得しなければならない。労働を庇護し、その発展を可能にするような合法的状況を作り出さねばならない。農業と産業と流通を伴ったユダヤ人社会を創設しなければならない。モーセの原理に即して、言い換えるなら、社会主義の原理に即して。両者はオリエントでユダヤ教が再興するための基礎である。」

ヘスのこのヴィジョンがどのような道を辿ったかは本書の第6章「ユートピア」で論じるが、メンデルスゾーンを基点としてこのヴィジョンを解釈するとどうなるだろうか。

メンデルスゾーンは、市民たりえないがゆえにユダヤ人に残された人倫を、「人間の普遍的宗教」に限りなく類似したものとみなし、それこそがユダヤ民族の宗教であると考え、それを「浄化されたスピノザ主義」と呼んだ。ヘスはまさにこの「浄化されたスピノザ主義」こそが端的にスピノザ哲学の実像であると考えたのだ。

ただ、メンデルスゾーンがヨーロッパ市民とユダヤ教徒との両立可能性を公私の両立可能性として肯定していたのに対して、ヘスは、三月革命の失敗が示すごとく、ヨーロッパ諸国にユダヤ人が散在する状態では、この両立は不可能であると考え、ヨーロッパの外で民族が共存することでのみ、ユダヤ人の普遍的使命は実現されうると結論づけている。マイモンのごとく、周縁そのものを問題化するのではなく、おそらくサイードのいう「オリエンタリズム」も手伝って、ヨーロッパ各地域における周縁とは別途にヨーロッパの「外部」で集合することが必須の課題と化したのである。

†マルクスにおける「ユダヤ人問題」

ヘスの道程にはマルクス、エンゲルスとの絶縁が刻まれている。ヘスは『ローマとエルサレム』へ向かい、マルクスは『経済学批判』へ、そして『資本論』へと向かった。二人の歩みを思い描くとき、マルクスが一八四四年に発表した『ユダヤ人問題に寄せて』にも触れなくてはなるまい。この論考にヘスが直接介入しているわけではない。これはヘーゲル左派の代表的思想家ブルーノ・バウアー(一八〇九―一八八二)の二つのユダヤ人論――『ユダヤ人問題』と『現代のユダヤ教徒とキリスト教徒の自由になりうる能力について』(一八四三年)――に反論して書かれたものだからだ。しかし、ヘスが無関係であったかというとそうではない。このマルクスの著作にヘスは貨幣論の著者として何らかの作用を及ぼしたと考えられる。

いずれにしても、『ユダヤ人問題に寄せて』をどう解釈するのか。これは今も最も困難な問題であり続けている。私なりの解釈を提示してみたい。

まず、反論の対象となったバウアーの論考はどのようなものであったのか。ひとことで言えば、それは、メンデルスゾーン的な、市民とユダヤ教徒の共存が、不可能であることを主張したものである。国制の理論について考えた者がユダヤ人には誰もいなかった、とバウアーは断じる。スピノザ哲学を完成させたときにはスピノザはすでにユダヤ教徒ではなかったと揶揄し、モーゼス・メンデルスゾーンに至っては「友人のレッシングがスピノザ主義者であったと聞いて、悲嘆のあまり死んでしまった」と皮肉っている（ヘーゲル左派論叢『ユダヤ人問題』御茶の水書房、一四頁）。

ユダヤ人は「市民権」を求めている。けれども、バウアーによると、「市民権」一般が可能であるためには国家が宗教から全般的に解放されねばならない。キリスト教徒にはこの試練がすでに課せられているのに対して、ユダヤ教徒たちにはいまだそれが要求されず、メンデルスゾーン的二重存在の可能性だけが追求されている。この生存様式を肯定する者はむしろ「市民権」そのものからユダヤ教徒たちを遠ざけているのだ。だから、ユダヤ教徒にもユダヤ教を捨てるよう要求することこそが彼らに「市民権」への道を開くことになる。

ここに「市民」と言うのは、マルクスの反論の文脈で言うと、「ブルジョワ＝市民」ではなく「国家市民＝公民」であり「シトワイヤン」である。そのような意味での「市民権」がそもそも不可能である原因を、バウアーは、ヘーゲルが『法の哲学』で語った「市民社会」(bürgerliche Gesellschaft) に求めている。バウアーは単なる神学批判を展開しているのではないのだ。「家族」の解体から生まれた個人的人格が「市民社会」を形成している。それを貫いているのは個人の「欲求」である。「欲求」は気まぐれで無理を言う。このような個人の欲求は「市民社会の存立をたえず危険にさらし、そのなかに不安定要素を育成する」。かくして「市民社会」は「貧困と富裕、窮乏と繁栄の間」を絶え間なく揺れ動くことになる。これがバウアーの考えの趣旨である。マルクスはバウアーの『ユダヤ人問題』の「市民社会」の節から何箇所か引用してはいる。だが、今引いた個所も、また、決定的と思われる次の箇所も引用していない。

「この不安定要素はユダヤ教徒が作り出したものではない。——それは市民社会の一部である。〔中略〕エピクロスの神々がきまった仕事をまぬがれて世界の隙間に住んでいるように、ユダヤ教徒は身分や職業団体のきまった利害の外側に居すわり、市民社会の裂け目に巣食って市民社会の不安定要素の要求する犠牲を自分の領分としてきた。」(同右一三頁)

では、マルクスはバウアーの議論のどこを批判したのか。マルクスの『ユダヤ人問題に寄せて』を見てみよう。マルクスはユダヤ教の実利的精神を語ったうえで、「市民社会は、それ自身のはらわたから、ユダヤ人を絶えず生み出すのである」と書き、その直後に、「そもそもユダヤ教の基盤をなしていたのは何だったろうか？　人間の実利的な欲求、すなわちエゴイズムである。(…)実利的な欲求とエゴイズムの神は貨幣である」と断じているのだ。

†バウアー対マルクス

ここで、バウアーの発言とマルクスの発言を比較してみよう。バウアーは市民社会の不安定をユダヤ人のせいにしてはいないが、ユダヤ人はその周縁性によってこの不安定から不当な利を得ていると主張している。

これに対してマルクスは、いやそうではない、ユダヤ人による不当な利益の獲得も含めて市民社会ないしブルジョワ社会がすべてを生み出しているのだ、と主張しているのではないだろうか。ある論者は、マルクスにとって「ユダヤ人」は「市民社会」の「換喩《メトニミー》」であると言っている。加えて言うなら、マルクスはバウアー自身の語法を逆手に取って、あなたの言う「ユダヤ人」、それも「市民社会」が生み出したものなのだと切り返しているのだ。実際、マルクスは『ヘーゲル法哲学批判』で、「ドイツが個人としてだけでなく、階級としても見せる道徳的きまじめさの内実は、むしろ〔市民社会の特徴である――引用者付記〕凡庸なるエゴイズムである」と書いている。

マルクスはユダヤ人、ユダヤ教についてどのようなイメージを抱いていたのか。それが病的に歪んでいるとか、逆に自己およびそのかつての帰属集団とも冷静に距離を置いているとか、イディッシュ語を話す敬虔な母親に嫌悪を感じていたとか、ロスチャイルド家のような富豪がいたとはいえ貧困を極める数多のユダヤ人の現状をまったく認識していなかったとか、バウアーとの私的確執が背後にあったとか、後世様々な見解が提出された。これらすべてが正しいかもしれないしそうではないかもしれない。「ユダヤ教は今必然的に自ら解体せざるをえない。ユダヤ人の解放はユダヤ教からの人間の解放である」とまでマルクスは言い放った。しかし、このマルクスの言と、私が言っていることとは、まったく矛盾しない。

重要なのは、マルクスが、ひとつの民族や宗教的共同体がその周縁性によって暴利を貪るのではなく、周縁と見えるものを含んだ「市民社会」自身の法則が、剰余価値とその搾取を生ぜしめていると認識していたことだ。これこそ、スピノザの『神学・政治論』からマルクスが学んだことではないだろうか。バウアーはユダヤ人を譬えて「エピクロスの神々のように」と書いたが、そのレトリックもまた、『資本論』のなかに「本来の商業民族は、エピクロスの神々のように、またポーランド社会の気孔の中のユダヤ人のように」として登場している。

いずれにしても、かくして、マルクスの『ユダヤ人問題に寄せて』は『資本論』への道程に位置づけられることになる。

†エゴイズムと世界市民

「エゴイズム」〔利己主義〕がマルクスの『ユダヤ人問題に寄せて』のキーワードであるのは明らかである。それは「市民社会」における人間の一般的なあり方を指しているとはいえ、ヘスが提示した、利己主義から最も遠い民族というユダヤ民族の像とはまったく逆の像を提示している。

マルクスは何よりもまず、「彼ら〔ユダヤ人〕の原理――彼らの神――はエゴイズム――である」というフォイエルバッハ『キリスト教の本質』の一節を参照したと思われる。エゴイズムは自分自身とその福祉（幸福）だけを目的としているから、ユダヤ人の「功利主義」は必然的に一神教だ、というのである。

フォイエルバッハは直截的には「貨幣」に言及していないけれども、「〜有れ」というだけでその何かを実在させること、自然や世界を「命令的な言葉・断言的な命令・魔力的な厳命の産物」にしてしまったこと（この点については次章で取り上げる）を利己主義的な行為とみなしている。その意味では「無からの創造」こそエゴイズムの真骨頂なのだが、経済学者、岩井克人の指摘をまつまでもなく、まさに「貨幣」こそ「無からの創造」そのものなのである。

マルクスのいう「エゴイズム」についてはもうひとつ言っておかねばならないことがある。カント『人間学』における「エゴイズム」の規定である。カントによると、「道徳的なエゴイズム」とは「あらゆる目的を自分自身に関係づけて、自分に役立つこと以外のものには益を求めない者、自分の意志にとっての最高の決定根拠を有用さと幸福にのみ置いて表象にはおかない者」のことである。

このような「エゴイズム」にカントが対置するのは「多元主義」(Pluralismus) であって、「多元主義」は「自分を単なる一世界市民 (Weltbürger) とみなし、そのように行為する考え方である」(『人間学』岩波書店、二八頁)。カントの『啓蒙とは何か』の語彙で言うと、「世界市民」とは理性を「公的」に使用する者で、「市民」(Bürger) は理性を「私的」に使用する者である。メンデルスゾーンはそれを「人間としての人間」と「市民としての人間」と表現して、《ユダヤ》の倫理と「人間としての人間」との対応の可能性を説いたのだが、カントの『人間学』には、メンデルスゾーンの主張に真っ向から歯向かい、バウアー、フォイエルバッハへと〔そしてマルクスにも〕継承される、「エゴイステックなユダヤ人」像が記されていた。

「われわれのあいだに混在しているパレスチナ人〔ユダヤ人〕は、〔紀元一世紀末の〕パレスチナからの追放以来身につけた高利貸しの精神のせいで、保護を受けている国の国民を

欺いたり、ときに自分たち同士をさえ欺くことによって得る利益によって償おうとする。」（同右一三八—一三九頁）

マルクスの『ユダヤ人問題に寄せて』は、ユダヤ人に単なる「市民」（Bürger）ではなく「国家市民」（Staatsbürger）たれと呼びかけた。ここにいう「国家市民」は「世界市民」と意味を同じくしていたと考えられる。そうであるためには、国家は「人類的国家」とでもいうべきものにならねばならない。そしてそれだけが「ブルジョワ社会」のエゴイズムとは正反対のものでありうるのだ。

「国家とは何か」が問われていないとバウアーに対して言い放ったマルクスは、祖国なき労働者の「インターナショナル」の創設に向かうことになる。その創設のためには、「世界市民」（メンデルスゾーンのいう「人間としての人間」）の対極に、ひとつの「階級」でありつつも「普遍的人間」であるような者たちが存在しなければならなかった。いや、そのような者たちを作り出さねばならなかった。

「労働者階級」というひとつの名のもとに、人間性を普遍的に喪失させ、同時にそれを普遍的に獲得させるような、いわば反射的な相互関係がここにある。後にルイ・アルチュセール（一九一八—一九九〇）たちは、共著の論集『資本論を読む』（一九六五年）で、この反射関係を断とうとした。特にジャック・ランシエール（一九四〇—）は、「人間」概念を社会的関係性へと脱実体化することで、それを試みた。

ただ、たとえそうだとしても、マルクスが、「市民社会」を「世界市場」に連結する「貨幣」の媒介性・間接性を拒絶しつつ、その一方で、「義人同盟」のような直接的とも言える「兄弟的アソシエーション」を普遍化しようとしたことは間違いない。果たしてそのようなことは可能なのだろうか。「貨幣」という媒介性・間接性は不可欠ではないだろうか。

†貨幣

この点で興味深いのは、マルクスが、『ユダヤ人問題に寄せて』や『経済学・哲学草稿』(一八四三―四五年)のなかで「貨幣」を論じていたのと時を同じくして、ヘスもまた「貨幣」に考察を加え、『貨幣の本質について』(一八四五年)を発表したことである。ヘスのこの貨幣論がマルクスとエンゲルスに大きな影響を与えたという論者もいる。

ヘスにとって貨幣は何よりも個人主義と結びついていた。本章冒頭で見たように、そのヘスはユダヤ人を個人主義と最も縁遠い民族とみなしていたから、個人主義への転倒はユダヤ人のせいで生じたものではありえない。論文中ユダヤ教、ユダヤ人への言及もあるけれども、ヘスにとっては、「悪徳商売から成る近代世界の本質、すなわち貨幣はキリスト教の本質が実現されたもの」だったのである。

なぜか。それは第一に、任意の個人の普遍救済を標榜するがゆえに、キリスト教は個々人のための神という構図を生み出したからだ。第二に、これまた普遍救済たらんとするがゆえに、肉体と精神を峻別して精神の天上での救済の可能性を説く一方で、肉体を相互売買の対象として放置したからだ。こうして生まれた「貨幣」、それは環境との生き生きとした交通を喪失して互いに分離され疎遠となった人間、マルクス主義がいうところの「疎外された人間」が作り出した一種の「代理物」なのである。

元凶をキリスト教に求めるかユダヤ教に求めるかの相違はあるとはいえ、ヘスとマルクスの貨幣観は酷似している。『経済学・哲学草稿』でのマルクスはというと、ゲーテの『ファウスト』およびシェイクスピアの『タイモン』に依拠しながら「貨幣」の本質を導き出している。まず、ゲーテが描いているように、「私」は自分が貨幣で得るものを「私のもの」にするのみならず、「私」そのものを「貨幣によって得たもの」にすることができる。「私」が馬六頭をお金で買えば「私」が馬六頭分の力を持つことになる。だから人間は、貨幣の悪しき性質や無能力をそのままにしながら、貨幣を使うことによってその悪しき性格を反対のものに転じることができるのだ（逆にいえば、「貨幣」がもたらす繁栄や幸福などは現実がその反対であることを証示している）。

次にシェイクスピアだが、マルクスによると、彼は二つのことを描き出している。第一に「貨幣が目に見える神である。人間と自然をその反対物に換えるものであり、事物の全般的な混同と転倒である。それは和合しそうにないものを兄弟のように和合させる」ということ、第二に「貨幣は全般的な娼婦であり、人間と諸国民との一般的な取り持ち役である」ということである。たとえば愛は愛と、誠実は誠実と、信頼は信頼と、つまり「兄弟性」を有したものとしか交換できないのに、「貨幣」は、愛と憎しみ、徳と悪徳、奴隷と主人のように相反するものの交換を可能にするのだ。

†「娼婦」と賢女

しかし、愛は愛としか交換できないとはどういう意味だろうか。それは果たして「交換」なのだろうか。ここにいう「愛」と「愛」は同一のものなのか。同質のものなのか。類似したものなのか。

マルクスが貨幣の詐術を語るに際して、愛と憎しみのように正反対のものを挙げることにも疑問を禁じえない。価値形態論は、X量の商品A＝Y量の商品Bから始まる。X量の商品Aの（交換）価値がY量の商品Bによって表されるわけだから、右辺は「表象されるもの」、左辺は「表象するもの」である。もはやこれは愛を愛と交換することではありえない。だからといってX商品とY商品はプラスとマイナスのような関係にあるわけではない。ただ、異なるだけである。

商品A、商品B、商品C……と続く等号の連鎖は続いて、商品Aなら商品Aが「表象されるもの」となって、その他無際限な数の商品が「表象するもの」となり、次いで、左辺と右辺が入れ替わって、商品Aがその他無際限な商品にとっての「表象するもの」となる。これが「商品」から「貨幣」への「命がけの飛躍」と呼ばれるもので、ユダヤ人が「貨幣人間」(Geldmensch)と呼ばれる限り、この飛躍はたしかにユダヤ人の発生と密接につながっている。だが、どの商品〔民族〕も「貨幣」たりうるということ、どんな「貨幣」もひとつの「商品」にとどまるということを忘れてはならない。つまり、唯一の「表象するもの」の飛躍は不可能であり、それゆえ、「貨幣」それ自体が固定的中心を一切欠いた相対論的世界を形成している。これは、為替レートをめぐるニュースが刻々と私たちに教えるところである。

そして、こうしたことすべては、X量の商品A＝Y量の商品Bという等式に淵源しているのだ。ランシエールはこの等式は実は「不可能な等式」なのだと言っている(『資本論を読む』上、ちくま学芸文庫、二〇九頁)。同じものが同じものであることのみならず、同じものが別のものであることをも妨げるようなノイズを先に「ゴースト」と呼んだが、この不可能性はまさに「ゴースト」によって生じるもので、敢えて言うが、そこに「剰余価値」なるものが生じるのだ。いや、愛＝愛というマルクスの等式のなかでも同様のことが生じているのであり、マルクスは「ゴースト」を、「貨幣」をすでに前提としている。そうでなければ彼は、愛は愛とのみ交換されるとすら言えなかったはずなのである。「愛している」と恋人が言いあうときに何が生じているのか。「愛している」とも言わずに恋人たちが抱き合うとき何が生じているのか。誰とでも関係しうる者をシェイクスピアとマルクスは「娼婦」と呼んだが、そうした何とでも交換可能な存在が予め前提とされなければ、愛は愛とのみ交換されるということすら生じえないのだ。

マルクスはシェイクスピアから「娼婦」の比喩を借り受けているけれども、みずからの身体とその労働力を売るしかないという点で、「娼婦」はマルクスにおいても「プロレタリアート」と不可分な関係にあったはずだ。もしそうなら、一方が「転倒」と「取り違え」であり、他方が「兄弟性」であるという差異はどこから生まれるのか。「兄弟性」が可能となり、「インターナショナル」へと連なるためには、「娼婦」が必要なのではないだろうか。「わたしは好きな人を選ぶことも嫌いな人を拒むこともできない」と言ったのは、『ヴェニスの商人』でユダヤ商人シャイロックを懲らしめるポーシャであった。「娼婦」の対極にいるはずのポーシャが自身を「娼婦」とみなしているのだ。

ともあれ、「貨幣」は、マルクスが指定した役割をはみ出す機能を有しているのではないだろうか。それに対してレヴィナスのような哲学者は、『預言者』中の『アモス書』からマルクスに至るまで「貨幣」に浴びせられてきた告発をいささかも軽減することなく、「貨幣」によって可能となる「新たな正義」を語った。「眼には眼を、歯には歯を」はレヴィナスにとって、眼を傷つけたならその眼を元に戻さない限り、たとえ世界中の富を積んでも、償ったことにはならないことを意味していた。そのとき貨幣は、人間同士の根底的差異を維持したまま、数量化できないものを数量化する「共通尺度」「限度」を捻出する。それによって貨幣は、償いが不可能であるがゆえに永続的なものと化した「復讐と〈似《え》非《せ》〉赦しの地獄の悪循環」を断つことに資するのではないだろうか。曰く、「人間の数量化のうちに正義の本質的諸条件を見るのはたしかに無礼千万なことであろう。けれども、果して量も補償もない正義などありうるだろうか。」（『レヴィナス・コレクション』ちくま学芸文庫、四三三頁）。

すべての他のものと結びつきたいという欲求をローゼンツヴァイクは「システム」の本義とみなしていた。ここでそれと同様に、「兄弟性」「インターナショナル」「娼婦」といった語彙で提起された問題は「ネットワーク」理論から改めて考えることができるのではないだろうか。

ひとつ大いに参考になる例を挙げておくと、カオス工学者の合原一幸は、脳システムを論じながら、ポール・エルデシュ（一九一三―一九九六）やアルフレッド・レーニイ（一九二一―一九七〇）といったハンガリーのユダヤ人数学者たちによる「ランダム・ネットワーク」理論の構築に触れている。その際特に強調されているのは、近い項とのあいだで豊かなコミュニティーを形成すると同時に、遠い項とも比較的少ないリンクで結ばれる、いわゆる「スモール・ワールド・ネットワーク」の可能性であり、それを実社会の複雑さに近づけるために、このネットワークのいわば改良が提案されているのだ（『脳はここまで解明された』ウェッジ参照）。《ユダヤ》はこのようなネットワークと決して無縁ではない。しかし、それはまた「イスラム国」のようなネットワークとも無縁ではありえない。

†ノアの裔

メンデルスゾーンにおける「人間の普遍的宗教」とユダヤ教との関連にも、マルクスたちの唱えた「インターナショナル」にも、そしてもしかすると、エルデシュやレーニイの「ネットワーク」理論の背後にも、ユダヤ教のある制度が存在していたように思われる。それは、『創世記』に由来し、バビロニア・タルムードの『サンヘドリン』法廷などで定められたもので、「ノアの裔」（Noachide）の法と呼ばれている。「ノアの裔」の法とは、偶像崇拝の禁止、神の冒瀆の禁止、殺人の禁止、姦淫の禁止、窃盗の禁止、生きた動物の肉を食べることの禁止、法廷の権威の承認という七つの戒めのことだ。それらを遵守する者が「ノアの裔」と呼ばれるのだが、「ノアの裔」は、たとえユダヤ教徒でなくとも、また、ユダヤ人共同体に住むことがなくとも、ユダヤ教への改宗を強いられることなく、「異教徒のなかの義人」(ゲール・ツェデク)、つまり「ユダヤ教の大司祭と同格に扱われ、メシアの治世に続く来たるべき世界に参画できる者」とみなされるのである。

この制度について、レヴィナスはこう言っている。

「ノアの裔という概念は自然権を基礎づけるものだ。それは人間の諸権利ならびに信教の自由の先駆である。〔中略〕自然権の理論家のひとりでもあったジョン・セルデン〔一五八四―一六五四〕は、特にその『ヘブライの規律による自然法と国際法について』(一六四〇)のなかで、自然法をヘブライの法によって基礎づけている。国際法の父フーゴー・グロチュース(一五八三―一六四五)もまたノアの裔の制度を大いに称揚している。」

『自由海論』の著者であるフーゴー・グロチュースと、『閉鎖海論』の著者であるジョン・セルデンの双方が「ノアの裔」を称えていたというのは実におもしろい。この一節を以下のある論考からの引用と較べてみて欲しい。

「異邦人の寄留者はタルムードの時代にノアの末裔と化した。タルムードの立法を通じてわれわれは、異邦人〈異教徒〉＝ノアの裔＝諸国民のなかの義人、という決定的な等式を得る。ジョン・セルデンの『ヘブライの規律による自然法と国際法について』（ロンドン、一六四〇年）はこの等式を知っていた。フーゴー・グロチュースもノアの裔の制度を称揚していた。」（ヘルマン・コーエンの遺稿『ユダヤ教を源泉とした理性の宗教』一九一五年）
類似というか、ほとんどそのままレヴィナスが書き写しているのが分かるだろう。しかし、彼らだけではない、エーリッヒ・フロム（一九〇〇―一九八〇）もレオ・ベック（一八七三―一九五六）もノアの裔を語った。これはマイモニデスの『ミシュネー・トーラー』からレヴィナスに至るまさに通奏低音であり、それを取り上げてユダヤ教の「法」（jus）ではなくまさに自然の「法」（lex）としてそれを捉え直そうとしたのがスピノザの『神学・政治論』なのである。

†異教徒のなかの義人

マルクスとヘスが出会ったのとほぼ同時期に、ヘルマン・コーエンはアンハルト＝ベルンブルク侯国のコースヴィヒの、ユダヤ教ラビの家に生まれた。メンデルスゾーンスゆかりのデッサウはこの侯国に属しており、コーエンもデッサウのギムナジウムに通った。後にマールブルク学派の創始者となる彼が『カントの経験概念』を出版したのは、ドイツが国家的統一を遂げた一八七一年のことだった。哲学論考を続々と発表する一方で、コーエンは一八八〇年代からユダヤ関連の論考を発表し続けた。
ドイツ・新カント派の旗頭コーエンにとって、カントは「社会主義者」であり、コーエン自身もまたある意味では「社会主義者」であろうとした。そのコーエンのユダヤ教論の核心はまさに「隣人愛」という場合の「隣人」とは誰かについての偏見を一掃することにあった。
「《レーア》〔隣人〕というヘブライ語は旧約において単に同胞を意味するのではなく、他者(alter)をも意味している。(…)ドイツ語でそれはder Nächste〔最も近き者〕と訳すべきではないし、der Nähe〔近き者〕も妥当ではなく、ここで目指されているのは「遠き者」(der Ferne)なのである。」(コーエン『ユダヤ教論考』)
「隣人」は場合によっては「同胞」たることもありうるが、本質的には「他者」「遠き者」であり、「異邦人」(der Fremde)でさえある、というのだ。「ノアの裔」の制度が通底していることは明らかだろう。ただ、ここで考えて欲しいのは、「ノアの裔」の法ではあくまでユダヤ人が主人《ホスト》だが、たとえばメンデルスゾーンの要請は、主人たるプロイセン人に向けられていたという点だ。「国民へのわれわれの昇格はEmanzipation〔解放〕と好んで名づけられる。この表現はローマの奴隷法‐家族法に由来する。一八二一年をもってようやくわれわれは、保護ユダヤ人たることをやめた」とコーエンは書いている。だが、「保護」の終焉はユダヤ人が「能動的に国家に参画しない」限り成就しえない。さもなければ、いつまでもユダヤ人は「奴隷と同じ」なのだ。

この転換は、「真に生きた神は社会的人倫と世界市民的人間性のなかで呼吸するのであって、イスラエルの預言者たちはイスラエルの神にして人類の神たらしめたのだ」というメンデルスゾーン的な立場を維持したまま、「ドイツ国はヨーロッパのユダヤ人全般の母の国（Mutterland）である」、「メシア的宗教は、われわれが自分の国を父の国（Vaterland）として承認し愛するのを学ぶことを可能ならしめる」とコーエンが明言することを可能にしたと言ってよい。かくして、「解放はユダヤ人を人間にするのではなく、プロイセン国〔ドイツ〕のユダヤ人たらしめる」という新しい能動的生存様式が生まれたのだ。

この姿勢はシオニズムにもスピノザにも徹底的に反対するもので、ドイツとユダヤの協働もそこから生まれた。第一次世界大戦に際して、コーエンはカントの『永遠平和のために』を踏まえて「ドイツが国家連邦の中心にならねばならない」と言っている。空間的に拡大するドイツと、空間的には離散しているように見えるがそれを内側から生気づける「ドイツのユダヤ人」という構想を、コーエンは真剣に抱いていたのだ。

拡大するドイツを外延量、「ドイツのユダヤ人」を内包量と置き換えるなら、まさに

「微分の政治学」が企てられたことになるだろう。コーエンにとってドイツないしドイツ人はユダヤ人と「共にある人間」(Mitmensch)の最たるものであり、この点に関してコーエンは、「共にある人間」は単に「傍らにいる人間」(Nebenmensch)では決してないと幾度も強調している。コーエンが熱望したドイツとユダヤの協働、誤解を畏れずに言えば、この愛がなければホロコーストは生まれなかったのだろうが、この協働から排除された「傍らにいる人間」、あたかも影のようなこの存在は誰であり何であったのか。そのことをどこまでも考えてみなければならないだろう。

そのコーエンの後継者ローゼンツヴァイクに向けて、「私はこのドイツユダヤ教[Deutschjudentum]の名のもとに知られている混合物には何の希望も抱いていない」と言い放って一九二三年にパレスティナに移住した者がいた。ゲルショム・ショーレムである。

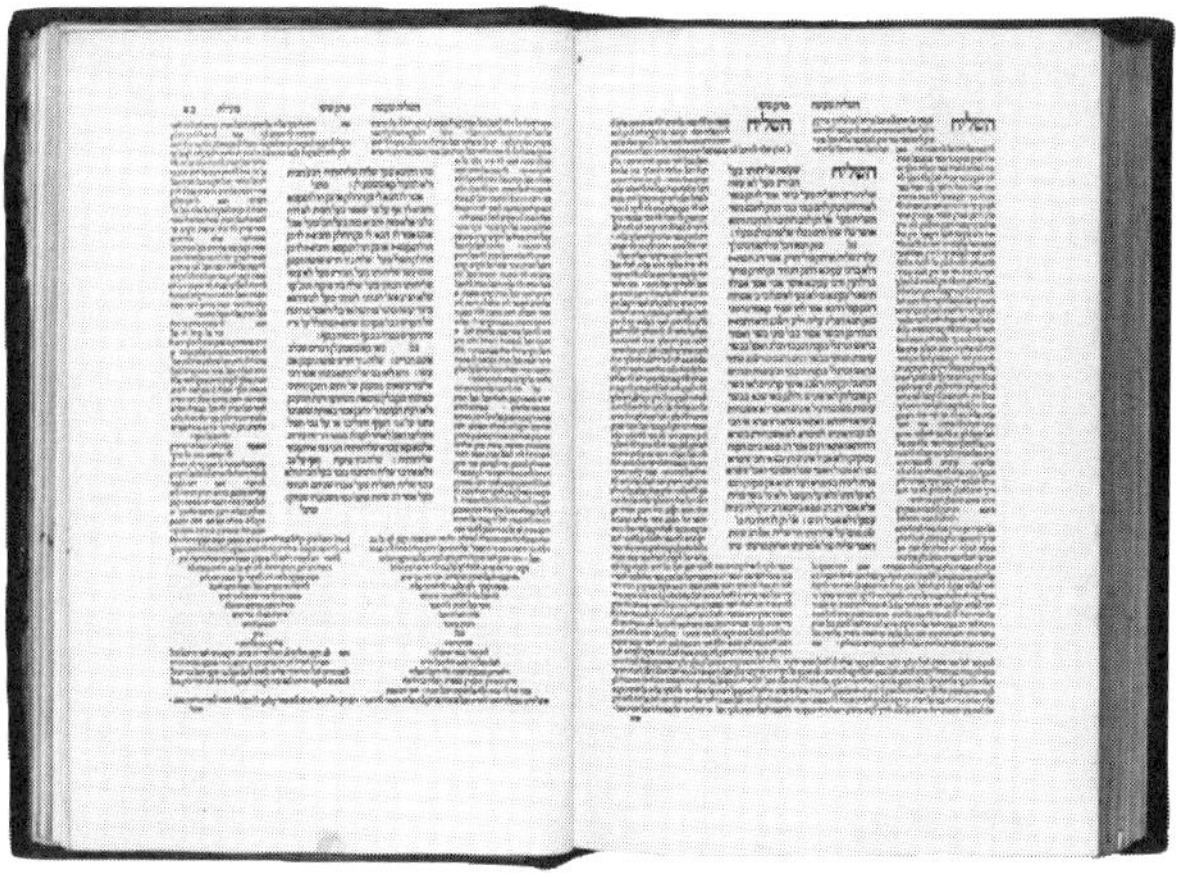

第 5 章

言語——何を表出しているのか？

――言語なんてものはない。（ドナルド・デイヴィドソン）

「人間」は「言葉《ロゴス》を持つ動物（ゾーオン・ロゴン・エコン）」と定義されることもあるが、「言葉を持つ」とはどういうことだろうか。人間と言葉とはどのように係るのだろうか。言葉とは何なのだろうか。

その疑問に答えようとしたのが《ユダヤ》であるということもできる。「光あれ」と神が言うと光がある。《ユダヤ》にあっては、実在があって言葉があるのではなく、言葉があって実在がある。言葉が世界を、宇宙を構成するのだ。二〇世紀オーストリアのユダヤ系作家カール・クラウス（一八七四―一九三六）はそのことを十全に承知していた。そのような言葉のなかに私は産み落とされる。いや、私は生まれる前から言葉のなかにあり、死んでからも言葉のなかにある。言葉は無限と有限との不可能な架け橋だ。そこから、言語の不安（動揺）、意味の不安が生じる。「カバラ」にせよ「タルムード」にせよ、解釈の無限性もまたそこに淵源、というか奈落を有している。ユダヤ思想、特にその神秘主義的文献から《ユダヤ》独特の言語観を摘出するとともに、スピノザ『神学・政治論』での解釈の方法論の現代性を示していく。

†母音と子音

シナゴーグはギリシャ語で「集会所」を意味する。神殿が破壊された後、ユダヤ人がいるところには何よりもまずシナゴーグが造られ、祈りと学びがそこで継続された。仏教寺院には御本尊として仏像や経典があり、キリスト教会には十字架やイエスの像が架けられており、イスラム教のモスクの壁には「ミフラーブ」と呼ばれるメッカの方位を示した「壁龕《へきがん》」が空けられ、またモスク内にはムハンマドの坐る屋根付きの玉座がある。

ユダヤ教においては、キリスト教会の「祭壇」にあたるシナゴーグの「聖櫃《せいひつ》（アロン・ハコデッシュ）」に「トーラーの巻物」が入れられている。二つの芯棒を持つ巻物で、芯棒が一つの日本の巻物とはちがって、読むべき所だけをスクロールして出すことができる。羊皮紙に文字が手書きされている。

ユダヤ教においては、文字が何よりも重要なのだ。文字といっても、もし初めてヘブライ語聖書を開いたとすれば、「方形文字」が並ぶ列にきっと驚きと戸惑いを覚えるだろう。これが文字なのか、どこから読むんだ、どこで切れるんだ。規則をまったく知らない時にアラビア文字を見たときにも、初めてアルファベットを見たときにも、もしかすると、日本人の幼児が漢字、平仮名、片仮名を見るときにも、同様の驚きがあるかもしれない。ただヘブライ語では、文字の連鎖の切断、この根源的リズムが文の構造と意味を決定する。

私の知らないどれほどの文字があるのだろうか。線文字などまだ判読できていない文字はどれほどあるのだろうか。まったく未知の生命体をおそらく私たちは生命体として認識できないだろうが、文字とはおよそ思えない文字もあるのではないだろうか。たとえば、民俗学者・人類学者のアンドレ・ルロワ＝グーラン（一九一一―一九八六）はその著書『身振りと言葉』（一九六五年）の中で、直立歩行による顔と手の解放が人類にもたらした大革命に触れ、最初の筆記が「リズム」の刻印であったことを示し、音声を線で書きとるようになる以前の、豊饒な「文字」の世界を描き出している。

かつての横書きの日本語がそうであったように、ヘブライ文字は右から書き右から読む。その文字と文字の間、文字の下にこれまた不可思議な記号が付されている。これはマソラともニクダとも呼ばれる符号で、いわゆる句読点、アクセント、更には、その文字をカと読むかキと読むかクと読むか、つまり母音を示している。翻って言うなら、母音が書かれていないのだ。『ヘブライ語文法要諦』（一六七七年）のなかで、スピノザはこの点について、「「母音は文字の魂である」、「母音のない文字は「魂のない身体」である」、とヘブライ人たちは言っている」と書いている。

「心身平行論」の提唱者がこう言っているだけに興味は倍増する。では、このような考えがユダヤ文献のどこで表明されているのか。ひとつは、トーラーの註解でカバラの中心的文献『ゾーハル』(一三世紀スペインのラビ、モーシェ・デ・レオン〔一二五〇―一三〇五〕の作とされる)であろう。

「アクセントとその旋律が、一軍を従える王のように、背後に文字と母音を従えて進んでいる。文字は身体であり、母音は魂である。いずれもアクセントの行進に従い、それと同時に停止する。」

「すべての文字は魂なき身体のごときものだ。母音よ来たれ、さすれば身体は生きたものとなるだろう。文字が至上の秘密の外に現れ、最初の人間の形をまとって物質化されるとき、母音が現れ、文字に生命の息を吹き込む。まさにそのとき、生命の息のおかげで立ち上がった人間のように、文字も真に存在することになる。」

スピノザは笛の穴と笛の音という比喩で、文字と母音の関係を譬えてもいる。とはいえ、『神学・政治論』第七章でスピノザ自身慨嘆しているように、聖典の理解にはヘブライ語の完全な知識が必要なのに、辞書も文法書も文体論もない。そのようなものはまったく残されることがなかった。だからこそスピノザは文法書を書いたのだが、(1)発声に要する部位は同じだが異なる文字が互換的に使用されること、(2)接続詞や副詞が実に多義的であること、(3)完了形と未完了形しかない時制が他の諸言語に比して特異であることを難点として挙げたうえでこう言っている。

「〔母音と文の切れ目を示す〕符号には注意しなければならない。それらは後代の人たちによって考案され設置されたものであり、わたしたちは彼らの権威を鵜呑みにしてはいけないからだ。古代のヘブライ人たちは点を使わずに（つまり母音記号もアクセント記号も使わずに）ものを書いた。これはたくさんの証拠から明らかである。」

スピノザはタナッハが多数の方言によって書かれていると強調してもいる。ともあれ、古代ヘブライ人たちはひたすら身体たる子音字を刻みながら、見えない魂を見えないままに書いていたのだろうが、もはやその法則は私たちには分からない。だからこそ「解釈」（ミドラッシュ）は際限なく続き、スピノザ自身が「ラビたちは完全に狂っている」と断じたように、この解釈にも多様な学派のようなものが生まれることになるのだ。そのような解釈の際限なさは、万物が「無限」の収縮ないし極小化によって生まれたという発想によって惹起されたものであって、「神とはさながら文字に対する魂のようなものだ」（ゲルショム・ショーレム『カバラとその象徴的表現』法政大学出版局、六一頁）という言葉もこのような事態を指し示している。

キリスト教には、キリスト教徒たちの共同体がイエス・キリストを要石とする「見えない教会」を成しているという考えがある。が、ユダヤ教にも「トーラー」をひとつの全体にしてひとつの建物とみなす考え方がある。と同時に、「トーラー」全体が神のひとつの名であるとも言われる。更には、文字と同様、「トーラー」も有機的身体に譬えられている。

「トーラーは、すべてそれぞれ階層関係をなす肢体と関節からなっており、それらが正しく配置されるとき、ただひとつの有機体をつくりあげる」（同右六四頁）というのである。それだけではない。「有機的身体」はまた、枝、葉、樹皮、幹、根からなる「生命の木」でもあるのだ。

同様に、イスラム教徒の集団《ウンマ》もまた母親の身体＝子宮《ウム》を語源としている。しばしば「聖戦」と訳される「ジハード」は元来、「真に神に服従する者」たる兄弟たちをそのなかにできるだけ多く収容しようとする「努力」のことを意味していた。

ソクラテス以前哲学者と通称される者たちは世界が何からなるかを考え、水、土、火、空気の四大「元素《ストイケイオン》」を提示した。ショーレムは「ストイケイオン」という概念に、「文字という意味と元素《エレメント》ないし原子《アトム》というふたつの意味」があるとして、ギリシャの哲学者たちの構想が、カバラによる「トーラー」解釈を先取りしていたと言っている。もしそうだとすると、文字に対する何らかの操作は世界そのものを変えることになる。キリスト教暦紀元二世紀のラビ・メイールが語ったのはまさにそのことであった。

「ラビ・イスマエルに問われた。わが息子よ、お前の仕事はなにか？　私〔ラビ・メイール〕は答えた。私は『トーラー』の写字生です。すると彼は言った。わが息子よ、仕事をするにあたっては注意するがいい。それは神の仕事なのだ。ほんの一文字を落としても、一文字を多く書きすぎても、おまえは全世界をこわすことになる……」（同右五四頁）

文字が、その尽きることのない組み合わせが世界を作っている。フランス北部シャンパーニュ地方トロワのイェシバ〔教学院〕で活躍したラシ（一〇四〇―一一〇五）は文字の装飾的部分（パレルガ）にも細心の注意を払ったという。そもそも神の言葉が世界を無から創造したのだが、誰もその意味を正確に突き止めることのできない神という「魂」（息、ルアッハ）が世界を創造し、その世界の「どのように」を文字が定めるのである。キリスト教には、ユダヤ教批判を含んだ「文字は殺し霊は生かす」という言葉があるけれども、この点はさておき、「霊」〔魂〕は「なぜ無ではなく何かがあるのか」という問いに答え、文字という「身体」は「何かはどのようにあるのか」という問いに答えていると言ってよい。

《ユダヤ》にあっては、「ペン」とやがて呼ばれることになる事物がまず実在して、それを指示する「ペン」という語があり、「悲しみ」とやがて呼ばれるような感情がまず実在して、それを指示する「悲しみ」という語があるのではない。

そうではなく、《ユダヤ》にとっては、「実在」が言葉によって作られるのだ。いや、《ユダヤ》だけではない、ある意味では誰もがこのような言語観を受け入れていると言えるかもしれない。実際私たちは、「命令があって行為がある」「設計図があって建物がある」「企画やコンセプトがあってイヴェントや新商品がある」と考え、さらには「DNAだね」、「気持が大事だよ」、などと平然と語ったりするではないか。

スピノザの例が示すように、この設計図を世界に内在させるか、世界の外に何らかの仕方で想定するか、そこに大きな差異が生まれることになる。宇宙は必然的法則に司られているけれども人間がそれを知らないだけだ、というスピノザの考えは、私たちは世界ないし宇宙を形成している言語の文法を知らないと言い換えることができる。この無知を、ちょっとした「言い間違い」として捉えたのがフロイトであった、と私は思う。

その「フロイトに戻れ」と訴えたジャック・ラカン(一九〇一―一九八一)は、「もちろん、いつも言われているように、文字は殺し、霊は生かす……しかしわれわれは、霊が文字なしにいかにして生きうるのか、これもまた知りたいと思う」と言っている(スーザン・ハンデルマン『誰がモーセを殺したか』法政大学出版局、二八七頁)。ラカンだけではない、

『グラマトロジー（書学）について』（一九六七年）の著者デリダも、預言者エレミアとバルクによる神の言葉の口述筆記の場面に最大限の注意を払っている。

†神の名前

ショーレムによると、このようにカバラ神秘主義では、神のエネルギー（または光）の流出という世界創造過程は、神の言語が展開する過程と厳密に同一のものとみなされていた。そして、そこで最重要な役割を果たすのが、「文字」に加えて「名前《シェム》」であった。ショーレムは書いている。

「文字と名前とは伝達のための単なる慣習的手段ではなく、はるかにそれ以上のものなのである。両者はいずれもがエネルギーの凝縮体であって、これまたいずれも、人間の言語にはまったく移し替え不可能であるような、とは言わないまでもすべてを余すところなく移し替えることは不可能であるにちがいないものである。」（ショーレム『カバラとその象徴的表現』五〇頁）

たしかにアダムは被造物を命名していく。けれども、神の名前だけは人間が与えうるものではない。そればかりか人間には神の名の意味も正確な発音も分かっておらず、みだりにこの「聖四文字」（YHVH）を唱えることは禁じられ「アドナイ」（「われわれの主」）、

「ハシェム」（まさに「御名」）といった代わりの名が用いられる。神の名は秘密を明かさない。秘密とは神の名が無限のエネルギーの「凝縮」たることである。無限（神）と有限（被造物）を隔てる「深淵」ゆえに、神の名は、人間的言語には全面的には翻訳されえない。逆に言うと、この剰余がマグマのように流出すること、それが創造であり、神の名のみならずそれ以外のどんな名も無限の痕跡をとどめているのである。

このような神の名が世界を設計する。まさにその建築にふさわしく、ヘブライ語の文字は数字でもあり、それぞれの文字ならびに語（名前）はその数価を持ち、同じ数価を持つ語のあいだには意味的類縁性があると考えられる。

たとえば「アダム」（人間）の数価は四五、「マアー」の数価も四五である。「マアー」とは創造に先立つ「無の至高の次元」のことだ。こうして、人間とこの最高の次元とのあいだの絆が認められることになる。カバラとラビ的釈義やその他の潮流では手法が異なるとはいえ、いずれに与したとしても、「文字」に加えて「名前」と「数価」が言語論、解釈論の中心に位置していることに変わりはない。ユダヤ教のいかなる伝承を重んじ、それにどれほど通じていたかとは係りなく、ベンヤミン、ローゼンツヴァイク、ウィトゲンシュタイン、レヴィナスたちが異口同音にこの点を強調しているのは実に興味深い。

ローゼンツヴァイクはというと、世界の一部でありながら世界の一部ではなく、世界の外にあって世界とは根底的に異質な何か、それが「言語」であると言っている。だからこそ「言語」は「人間の印章」であるのみならず「神の印章」でもあるのだ。

†名詞の特異な位置づけ

実を言うと、ヘブライ語のなかで「名詞」〔名前〕が占める特異な位置を強調したのは『ヘブライ語文法要諦』でのスピノザだった。

「ラテン語では、言説を八つの部分〔名詞、形容詞、代名詞、動詞と副詞、前置詞、接続詞、間投詞〕に分けられるが、ヘブライ語においても同様かどうかは疑わしい。実際――間投詞、接続詞、一、二の小辞を除けば――、ヘブライ語のすべての語は名詞〔名前〕としての価値と諸特質を有している。」〔『神学・政治論』下六六頁〕

そのスピノザはローゼンツヴァイクと同様「印章」という語で「本当の宗教」を特徴づけていた。

「また本当の宗教は、ひとびとの心に、つまり人間の精神に神によって書き込まれている。これこそが神の本当の契約書であり、そして神がこれを封印するために用いた印章こそ神の観念なのである。」

スピノザにとっては、だからこそ「本当の宗教」はユダヤ教徒だけに、あるいはキリスト教徒だけに「神聖な言葉」として授けられるものではない。それどころか、いかなる条件下でも、ある文書を神聖な言葉として崇め、インクや紙まで崇拝することこそ迷信への堕落なのだ。この「印章」というスピノザの語は、カントが「想像力」〈構想力〉とその図式機能を語るに際して用いた「モノグラム」という語を連想させずにはおかない。

「モノグラム」の「モノ」は一、「グラム」は文字ないし線であり、つまり、「モノグラム」は一筆で書かれるような文字ないし線のデザインであり、かつ「花押」と呼ばれる「印章」でもある。カントは想像力の図式を「魂の暗闇に隠されたアート」というもうひとつの表現で言い表してもいる。文字ないし線のデザイン、印影は暗闇に隠れて、それが何を、どのようなことを表しているのか分からないのである。「構想力」のことをさらにカントは「〈感性と悟性に〉共通な未知の根」と呼んでもいる。根は「暗闇」のなかを数限りない意想外な方向に延びていく。それは神と世界と人間とのあいだの「深淵」の別名であって、線とも文字とも識別不能な何かが「深淵」を決して塞ぐことなく、この「間」に蝟集しているのだ。ユダヤの解釈学はいずれも、その判読をめざしている。

†擬音

ベンヤミンの事例を次に見てみよう。

前出のカイヨワと同様、ベンヤミンもまた「擬態」に注目する。ベンヤミンにとって、「擬態能力」は何よりも「贈物・賜物」(Gabe) であった。小論「擬態能力」においては、「自然は様々な類似を生み出す。〔動物の〕擬態 (Mimikry) のことを考えるだけで十分だ。しかし、類似を生産する最高の能力を有しているのは人間である」と書き出されている。

続いてベンヤミンは「模倣」を「遊び」とみなし、ミクロコスモスとマクロコスモス双方にわたる自然の「交感」を語っている。この点もカイヨワと同様である。更に、近代人と古代人との比較がなされて、模倣の能力の衰微が指摘されている。「衰微」とのみ言えるかどうかは別として、カイヨワも同様の比較を行っていた。類似を引き起こす最古の能力としてベンヤミンは「舞踏」を挙げている。カイヨワはというと、「舞踏」をトーテム社会の儀礼のごときものとみなしていた。系統発生的視点に加えて個体発生的視点から、ベンヤミンが「新生児」に最高の模倣能力を与えた点については、カイヨワ自身というよりもむしろ、カイヨワを援用した、ラカンによる「鏡像段階」論との対応を指摘できるかもしれない。

次に、占星術を例にベンヤミンが挙げる「非感性的類似」なるものに注目してみよう。天体の運行や配置、新星の出現などと、それに対応するとされる出来事のあいだには、感性的な類似はない。そのような「非感性的類似」を語り、呼び起こす能力を、人間はいつの間にか失ってしまった。だが、そうした「類似」の意味をより明晰なものにしていく「規則」がある。それが「言語」だ、とベンヤミンは言うのである。擬態的能力と言語、これが何よりもベンヤミンの論考に独特な視点である。

ベンヤミンは、言語の中でもとりわけ「擬音語」に注目する。それは「擬音語」が感性的類似との絆を保持しているように見えるからだ。しかし、「擬音語」と呼ばれるものが事物・事象の音響的属性との類似にのみもとづく場合は稀れであろうし、類似といっても、ある事物・事象を指し示す単語が複数あることを考えても、この類似は時に異を唱えられる。また、一九三四年の論考では、「物真似‐仕種」にもとづく「擬音語」――例えば摂食の音が muya muya という言葉となり、少量の液体の流れる音が Soupe となる――が取り上げられている。とすれば、「擬音語」にはつねに非感性的なものが介入していることになる。「擬音語」と呼ばれるものはいわば譬えなのだ。ベンヤミンはマラルメの言葉を引用している。「踊り子は踊っているひとりの女性ではない。(…)剣、盃、花など、われわれの形式の基礎的諸相貌のひとつを要約するひとつの隠喩なのである。」

†模倣・交感と書字

以上のように「擬音語」に触れたうえで、ベンヤミンは、「ここで注目すべきは、書かれた言葉が――多くの場合、話された言葉よりも含蓄ある仕方で――、その書字像(Schriftbild) と意味されたものとの関係を通じて、非感性的類似の本質を明らかにしてくれるということだ」と、話を「書字」に移行させる。

この場合も、文字の種類――いわゆる表音文字も含めて――によって、感性的類似と非感性的類似が異なる割合で混合していると言うべきかもしれない。では、一体ベンヤミンはここで何を言おうとしているのだろうか。次の一節に、それを知るための鍵が蔵されているように思われる。曰く、「筆跡学は、書き手の無意識のうちに隠されている諸々の像を筆跡のなかに認識する術を教えてきた」。

この一節もまた、「想像力」〔構想力〕についてカントが語った、「モノグラム」「魂の暗闇に隠されたアート」という言葉を想起させる。ベンヤミンが、カントには言語批判がないと指摘したゲオルク・ハーマン（一七三〇―一七八八）を意識し彼の言葉を引用していることを思えば、このような推論もあながち荒唐無稽ではあるまい。

そして、もしこのような解釈が許されるなら、ベンヤミンの小論はジャック・デリダの著書『グラマトロジーについて』へと一直線に通じていることになる。実際ベンヤミンは、デリダに親しい Archiv [archives]（古文書館、記録保存書）という措辞を使って、「書字は、発語と並んで、非感性的類似、非感性的交感の古文書館《アルヒーフ》となったのだ」と記しているし、逆に、デリダの『グラマトロジーについて』では、特にルソーをめぐって、ほかでもない「模倣」と「ミメーシス」が主題化されているのだ。

「想像力」の暗闇には底がない。どこまで、どのように穴が、あるいは根が続いているか分からない。だから、この「古文書館」には、ルーネ文字〔ゲルマン最古の文字〕のような古の文字、文字と識別されてはいるがまだ判読されていない文字、さらには「まったく書かれたことのないもの」としか言いようのないものも、刻印され保存されているのだ。どのような仕方でにせよ言葉と係るとは、このような「古文書館」への「擬態」なのである。

深淵と火山

ベンヤミンにとっては、「パサージュ」からなるパリの迷宮もまた「古文書館」であった。それに対して、ショーレムはパリに留まって一向にパレスティナにやってこないベンヤミンへの苛立ちを隠さなかった。西洋の「境界」をベンヤミンは超えていないというのである。ここには「境界」や「囲い」についての根本的な意見の相違が看取される。同様の相違は、パレスティナへ向かう直前ショーレムがローゼンツヴァイクにぶちまけた怒りの原因でもあった。

ドイツ－ユダヤの融合を信じたコーエンのようにシオニズムを唾棄することこそなかったとはいえ、ローゼンツヴァイクは、シオニズムの信奉者たちもディアスポラとの関係を絶ってはならないと考えていた。その姿勢をショーレムは厳しく非難するとともに、ユダヤ神秘主義の力を正しく評価していないと断じた。神秘主義は、時に「偽メシア」サバタイ・ツヴィ（一六二六―一六七六）のごとき人物やその反律法主義をも生み出してきたが、それでもショーレムにとってはユダヤの根源的危機の表現だったのである。

ところが、ショーレムはパレスティナ移住後三年、一九二六年一二月七日、ローゼンツヴァイクに宛てて、パレスティナの地で覚えた失望と多大な危惧を認《したた》めることになる。

「この邦《くに》は言語がそこで沸騰している火山に似ています。そこでは私たちを失敗させかねないあらゆるリスクが、わけてもアラブ人たちのことがかつてないほど話題になっています。ですが、アラブ民族よりもはるかに不安を掻き立てるもうひとつの危険があり、それはシオニズムの企ての必然的帰結なのです。すなわち、ヘブライ語の「現代化・現勢化」はどうなっているのでしょうか。この聖なる言語によって私たちの子供は育てられているのですが、この言語は、いつかぽっかり口を開ける深淵をなしているのではないでしょうか。たしかに、この地の人々は自分が何をしているのかを知らずにいる。彼らはヘブライ語を世俗化し、その黙示録的尖端を剝ぎ取ったのです。」

この書簡でも、ショーレムは「名前」を言語の本質とみなしている。「言語とは名前である。名前のなかに言語の力能は潜んでいて、言語が秘める深淵は名前のなかで封印される。」この深淵は無限への通路であり、それ自体、無限を凝縮したものであるがゆえに名前はつねに火山のように爆発しかねないのだ。

ところが、ヘブライ語は世俗的な復活を遂げた。ショーレムにとってこれは、ヘブライ語の聖性を打ち消す出来事にほかならず、だから彼は深い失望を表明したのである。いずれ聖なる言語は、ヘブライ語を日常的に話すパレスティナのユダヤ人たちに復讐するだろうというのがショーレムの危惧でもあった。

†中間的媒質としての言語

この点で言うと、ショーレムの論敵ローゼンツヴァイクもまた、ショーレムと同様、ヘブライ語を「聖なる言語」とみなしていた。

「ユダヤ民族固有の言語は、太古の時代以来もはや日常生活の言語ではなくなっているが、それにもかかわらず、それが日常生活の言語をつねに支配してきたことだけからしてもすぐにわかるように、死語とはまったく異なる。その言語は死んだ言語ではなく、ユダヤ民族自身がそう呼ぶように聖なる言語なのである。」(『救済の星』みすず書房、四六八頁)

言語〔ヘブライ語〕は神から授けられた賜物である。けれども、それは「人の子のそれぞれが個別に分け前にあずかる共有財」でもあり、それぞれによる「分有」は「バベル以後」の多言語分裂の状況を意味せざるをえない。この状況のなかで「永遠の民族〔ユダヤ〕はおのれ自身の言語を失い、どこにおいてもみずからの外的な運命が課す言語を、〔…〕語ることになる」のだ。

ここで重要なのは、ディアスポラにおいてのみならず、「ユダヤ民族が客人としての保護を要求せずに閉ざされた入植地で自立した生活を営む場合でも」このような状況が続く、とローゼンツヴァイクが考えていたことである。ユダヤ人は「入植の力を彼らがそこから借りた民族の言葉」を語り続けるというのだ。

実際、ショーレムのローゼンツヴァイク宛ての書簡は「ドイツ語」で書かれている。そこに目を向けたのがデリダであった。デリダは、聖なるヘブライ語と俗なるヘブライ語について語るこの「ドイツ語」を「第三の言語」、更にはベンヤミンを踏まえて「メディウム」〔中間的媒体〕と名づけた。そしてそこに、「聖なるものでも俗なるものでもなく、一方から他方への移行を可能にし、一方と他方を語り、一方を他方に翻訳し、一方から他方へと呼びかけることを可能にするような言語のある経験の中間的媒体」を看取している。聖なるヘブライ語と俗なるヘブライ語、また無限と有限の関係を、デリダはここで、言語と言語との「間」へと転じている。聖俗の二分法的差異では捉えることのできない差異化の動きがそこにあるからだ。

ここにいう「中間的媒体」はひとつの言語と別のひとつの言語を前提としたものではない。「中間的媒体」とは、(諸)言語が絡み合いながら分岐し分岐しては出会う動きそのものであって、この動きがひとつの言語というものを不可能にするのだ。著者はそれを「言雲」と名づけたことがあるけれども、何語で、あるいは何カ国語で書かれていると言うことのできないジョイスの『フィネガンズ・ウェイク』をデリダが最重要視するのもそのためだろう。

†意味の果樹園

ユダヤ教の解釈（ミドラッシュ）には、カバラにせよタルムードにせよ、「意味」の階層論が存在している。「意味」は「明示的意味（プシャト）」、「暗示的・寓意的意味（レメズ）」、「要請された意味ないし象徴的意味（ドラッシュ）」、そして「玄義（ソッド）」の四層からなる。この階層はそれぞれの層の頭文字をとって「パルデス」と呼ばれる。「パルデス」とは「果樹園」のことだ。

「ミドラッシュ」は「ドラッシュ」を含む語で、解釈は「ミドット」と呼ばれる様々な方法でこの「ドラッシュ」に至ることを目指している。けれども、そこから「ソッド」へと更に進むことができるかというと、そうではない。「ソッド」が明かされるのは歴史の全行程が踏破された時のみなのである。

そうだとすると、「ソッド」以外の意味の層はすべて、あらかじめ「比喩」であることが定められていることになる。キリスト教の神髄を述べるに際して、「仁愛《カリタス》」に至らないものはすべて「比喩《フィギュール》」にすぎないとパスカルは言ったが、それと同じ構造がここにある。スピノザの『神学政治論』はこのような意味論への反駁を含んでいたと考えられる。マイモニデスについてスピノザは言っている。

「マイモニデスの主張では、わたしたちはあらかじめ持っている考えに合わせて聖書の言葉を説明し、ねじ曲げ、いくら文字通りの意味が明らかではっきりしていても否定し、別のどのような意味に読み変えても構わないと想定されている。」(『神学・政治論』第七章。強調引用者)

マイモニデス理解としてこれが的を射たものなのかどうかはここでは問わない。大事なのはスピノザが「プシャト」を何よりも重視しているということである。ではスピノザの方法とはどのようなものなのか。

「発言の明瞭不明瞭の基準となるのは、その発言の意味が文脈から簡単に引き出せるかどうかであって、意味内容が理性に照らして簡単に真実と認められるかどうかではない。(…) わたしたちは本当の意味は何かという問題と、意味されている事柄が本当かどうかという問題を、混同してはならないのだ。前者は、言語の用法だけを頼りに探るか、聖書のみにもとづく推論によって語らねばならない。」(同右)

ここで「意味内容」と呼ばれているのは、現代言語学にいう「指示対象《リファレント》」のことであり、ひとことで言うなら、スピノザは「意味」という独自の次元が「指示対象」とは別に存在することを指摘しているのだ。「意味」は「意味空間」とも呼ぶべきネットワークのなかでしか決定されない。いやむしろ、「重層的非決定」という吉本隆明の造語をここでこそ用いるべきかもしれない。こうしてスピノザは、「意味の論理学」とのちに呼ばれるもの、「意味とは使用である」という展望を開いたのである。

†解釈項

聖句の意味解釈の方法論を提示するにあたって、スピノザは「神は火である」という命題をひとつの例として挙げている。表面上ほとんどスピノザに言及することのなかったデリダが、ショーレム論のなかでまさにこの例に言及しているのは決して偶然ではない。ヘブライ語を「聖なる言語」と捉えたショーレムに対するデリダの批判は、究極の意味をあらかじめ前提として字義通りの意味をねじまげているという、マイモニデスに対するスピノザの批判とまったく同一の軌道を描くものなのだ。また、この軌道は、『グラマトロジーについて』などでデリダが繰り返した「究極の意味」〔超越論的シニフィエ〕批判の軌道にほかならなかったのだ。

アメリカの哲学者チャールズ・S・パース（一八三九―一九一四）からデリダは、「われわれは記号のなかでのみ思考する」「すべてのシンボルはシンボルから生まれる」という言葉を引用している。デリダにとって、パースは、「究極の意味」の脱‐構築を非常に遠くまで進めた哲学者であって、この脱‐構築ゆえに、パースにあっては、記号から記号への無際限な送り返しが語られることになる。ショーレムが語っていたような、名前のなかの「無限」ではなく、記号というそれ自体が差異である事象のなかでの無際限な送り返し。これを可能にするのがパースにあっては「解釈項」(interpretant) と呼ばれるものだった。

無限な解釈学と無際限な解釈学――限りなく類似しつつも鋭く対立して決して一致することのないこの「と」という間――そこに《ユダヤ》がある、それが《ユダヤ》であると言えるだろう。この「間」をめぐる闘争に目を向けるに先立って、ひとつ付記しておきたいことがある。

†出来事・説話・リズム

聖句の意味、それをユダヤ教では「タアム」という。「味」「根拠」などの意味を有している。デリダが言う「記号から記号への無際限な送り返し」は連続とも不連続とも粒子的とも波動的とも言えない動きで、そこに「意味」と「リズム」（律動）との絡み合いのごときものが生じる。この「リズム」の観念は《ユダヤ》を考えるうえできわめて重要であると思われる。「リズム」が「意味」を左右するのだ。

ここで紹介しておきたいのは、フロイトの『モーセと一神教』を激しく非難した際にマルティン・ブーバーが展開した議論である。ブーバーはフロイトの主張に反駁するためにモーセがユダヤ人であることを立証しなければならなかった。けれども、その手法はモーセとその出自のいわば歴史的実在を何らかの仕方で証明することではなかった。そもそも、そのような作業は不可能であろう。ではどうするのか。

ブーバーによると、ある歴史的実在ないし出来事が先にあって、次いでそれについての「説話」が形成されるのではない。たとえばユダヤ人と呼ばれる集団があったとして、それが未曾有な集団的経験をしたとする。このとき、「事件」ないし「出来事」がこの集団にもたらした感動、衝撃はそれ自体が造形的な力を有している、とブーバーは考えた。つまり「出来事」がみずからを表現し物語るのである。その意味で、「出来事」と「説話」は同時に発生するものであり、仮にその「物語」に「モーセ」という人物が登場するとすれば、それは後から作られた説話の登場人物の名前ではなく、この集団が経験した「出来事」自体の名前なのである。そして、「モーセ」がユダヤ人という集団の経験そのものの名前であるとすれば、彼をユダヤ人と呼んだとしても決して誤りではない、というのだ。

ここで非常に興味深いのは、「出来事」がみずから「説話」と化すにあたって、そこで重要な役割を果たすものとして、ブーバーが「リズム」を挙げていることである。「出来事」の「リズム」、それを経験する者たちの「リズム」が相俟って「説話」のリズムがおのずと生まれるのである。ブーバーにとってはそれこそが、バアル・シェム・トーヴ（一七〇〇—一七六〇）によって創始されたハシディズムの本質だったのだろう。たしかに、ブーバーにあっては結局のところ、「出来事」があらかじめ「指示対象」として機能していると言わざるをえない。けれども、「出来事」の「リズム」が、「歴史的実在」と「説話」へと同時に分岐して何らかの仕方で分有されるという視点はきわめて重要であろう。

†解釈と生

哲学者の渡邊二郎はその著作『構造と解釈』の中で、西洋語の「解釈（interpretation）」

という言葉は、ラテン語の interpretor（仲介する、解き明かす、通訳する、理解する、判定する）という動詞に由来する、しかもこのラテン語は、「間に立って（inter）」「繰り広げる（pretor, pres）」は、「繰り広げる」という意味のサンスクリット語（prath）と同根と言われる語である（『構造と解釈』、ちくま学芸文庫、二二頁）と述べている。

「間に立って繰り広げる」とは一体どのような事なのだろうか。ニーチェは「力への意志は解釈する」という言葉を遺したが、たとえば「生存の意味」について、それを私たちが知るには途方もなく長い時間を要するとも言っている。解釈は生きることそのものと係り、生きることはそれ自体が解釈することなのだ。

†ポレモスの星座

フランスの哲学者・ポール・リクール（一九一三—二〇〇五）の『解釈について』は一九六一年のイェール大学講義をもとにしたフロイト論であり、その中でもリクールは「諸解釈の抗争」という表現を用いているが、一九六九年彼はまさに『諸解釈の抗争』と題された書物を出版することになる。クロード・レヴィ＝ストロース（一九〇八—二〇〇九）との論争を中核とした書物で、そこには、様々な解釈学シンポジウムでの一九六一年から六九年までのリクールの発表が収められている。まさにこの時期、リクールの友人であったレヴィナスはタルムード読解を開始している。その最初の論集である『タルムード四読解』の序文にはこう書かれている。

「リクール氏が、構造主義的分析——それはギリシャとセムの源泉に由来する意味作用の理解には向かないとされる——と対立する解釈学について言っていることは、タルムードのなかで実証される。これほど「野生の」思考に似ていないものは何もない。たとえ聖書の「様式」を神話的なものとみなそうとしても、タルムードはいかなる仕方でもこの「様式」を延長するものではない。聖書は数々の象徴をもたらす。けれども、タルムードは、新約が旧約を成就し、また延長すると言い張るその意味（方向）で、聖書を「成就する」のではない。（…）形式的な視点からすると、その英知を提示するためにタルムードの聖書のデータについて行う使用は、野生の思考が用いるであろう「ブリコラージュ」（日曜大工のような手仕事）とは大いに異なっている。それは、別の箇所でかつて役立ったものの破片とは係らず、その具体的充溢と係る。」（『タルムード四読解』）

その後もレヴィナスは、「リクールによって開始された宗教的言語についての省察」と言ったり、また、「ブルトマンへの序文で、リクールが「テクストという鏡に照らした生の判読そのもの」として示した解釈は、タルムードにおいてもそれなりの仕方で要請されている。この判読はタルムードにおいて創始されたとさえ言えるかもしれない」と言ったり、リクールを意識した発言を繰り返している。レヴィナスのこうした発言は『諸解釈の抗争』のある箇所を明確に踏まえたもので、ここからも、レヴィナスが同書を読んでいたことが窺える。次のような箇所である。

「ブリコラージュは破片を用いて行なわれる。ブリコラージュにおいては構造が出来事を救う。破片は構造をあらかじめ補強する繋ぎの役目を、あらかじめ伝えられたメッセージの役目をする。それは、すでに意味されたものの惰性を有している。これとは逆に、私たちの文化圏における聖書的象徴の再使用は、意味論的豊穣さに、意味されたものの過剰に立脚しており、これが数々の解釈への通路を開くのである。」(『諸解釈の抗争』)

「〔中世の意味論における〕「道徳的意味」なるものは、解釈学が狭い意味での釈義をはるかに超えたもの、すなわちテクストという鏡に照らした生の判読であることを証示している。」(同右)

リクールにとってもレヴィナスにとっても「聖典」は「神話」とは似て非なるものであった。「聖典」の本義に迫るためには、「聖典」から神話的要素を払拭しなければならない。このような操作をドイツの新約学者ルドルフ・ブルトマン(一八八四―一九七六)は「脱神話化」と呼んだ。ブルトマンを評価しながらも、リクールがレヴィナスとはちがって聖典の「神話的‐詩的核」を追求したこと、一方のレヴィナスが先の引用など僅かな箇所を除くと「鏡」をほとんど語らない哲学者であること、「聖なるもの」、「ケリュグマ（宣教、告知の意で、福音の告知を指す）」という語彙や「書かれたもの」に対する両者の応対、リクールにおける「疎隔」と「同化」からなる「解釈」と「自己了解」との関係等々、詳細にリクールとレヴィナスとの異同を探らねばならないところだが、その余裕はない。ただここで確認しておきたいのは、リクールにあって、「テクストの鏡」に照らして判読される「生」、「生きること」のあり方である。この点でリクールはスピノザに与するのだ。

「私は責務の道徳に先立つこの倫理を、存在しようとする欲望の倫理もしくは生存するための努力の倫理と呼びたい。哲学史はひとつの貴重な先例を私たちに提供してくれている。スピノザという先例である。スピノザは、人間が隷属から至福と自由に移行する際の全体的過程を倫理と呼んでいる。この過程は責務の形式的原理によって規制されているのではないし、ましてや、目的と価値の直観によって規制されているのではなく、有限な存在様態である限りでの実存のうちに私たちを措定する努力《コナトゥス》の展開によって規定されている。私たちは努力と言ったが、ただちに欲望と付け加えておきたい。倫理的問題の根源に、スピノザのいうコナトゥスの意味での努力と、プラトンとフロイトのいうエロスとの同一性を措定するために。」（同右）

リクールのいう「努力」が「罪障性」と不可分であることなど、細かくスピノザとの関係を検証しなければならないのはもちろんだが、みずからの哲学をスピノザ主義の対蹠点に位置づけたレヴィナスとは逆に、リクールがスピノザを引き寄せている限り、レヴィナスのリクールへの同意は強烈な緊張をはらんでいたと言わざるをえない。また、リクールとレヴィ＝ストロースとの論争についても、それがスピノザ主義者リクールとレヴィ＝ストロースとの論争という様相を呈すること、それを否定することはできない。だが、その際、レヴィ＝ストロースとスピノザとの関係はどうなるのだろうか。

†『野生の思考』のなかのスピノザ?

例えば、「僕はスタンダールとスピノザになりたい」という若きサルトル（一九〇五―一九八〇）の言葉が真剣に受け止められたことはなく、事情はレヴィ＝ストロースとスピノザについても同様である。たしかに、レヴィ＝ストロースはスピノザについてほとんど何も語っていない。だが、大学教授試験《アグレガシオン》の面接試験のことを彼はこう回想している。

「アンリ・ワロンが試験官の一人でしたが、きっと彼が出した課題にちがいありません（「応用心理学なるものは存在するか？」）。ひどい顔つきをして試験官たちの前に出たときには、私には何の準備もできていませんでした。その場で答案を即興ででっち上げたのですが、それにいい点がついたのです。スピノザのことしか話さなかったように思うのですけれどね。」(『遠近の回想』)

もちろん何を話したのかは分からない。しかし、『野生の思考』を読み直すとき、そこにはスピノザが現前していると感じざるをえない。それも、幾重もの仕方で。『野生の思考』の最終章「歴史と弁証法」はサルトル批判を展開したもので、標的たるサルトル自身スピノザへの憧憬を抱いていたのだから、それだけにより一層これは興味深い事態となるだろう。レヴィ＝ストロースはこうサルトルを批判している。

「自我の明証性と称されるものの中にまず自らの位置を定める者は、もはやそこから出ることはない。(…)サルトルは自分のコギトの虜囚となっている。デカルトのコギトは普遍性につながるものであったが、ただしそれは、コギトが心理学的、個人的な枠組みにとどまるという条件の下においてであった。コギトを社会学的にすることによってサルトルはただ牢獄をかえたにすぎない。」(『野性の思考』)

『デカルトの哲学原理』を経て、スピノザは、あたかも人間の視線とは逆方向にカメラ・オブスクーラに差し込む光に従うかのように、『エチカ』を「実体」の定義から書き始めた。そこでは、「コギト」はこの「実体」のある一体の「表出」としての「様態」である。「永遠の相のもとに」とは、「持続の相のもとに」の反対観念などでは決してなく、無限に無限な唯一の「実体」、即ちすべてがすべてと無限に関係し合っていること、この関係性が無限の襞のように「様態」ないし「個物」のうちに「無意識的に」内在し、「個物」として「表出」されることにほかならない。

レヴィ＝ストロースはスピノザ的「実体」を無限数の諸構造のそのまた構造の構造の極のごときものとして捉え直したと言ってよい。

「同一の言語のもつこれらすべての構造上の様態のあいだには、何らかの関係、すなわち、様態としての構造のすべてを含む群を律する法則ともいうべき、一種の「超構造」があるはずである。ある言語の「超構造」はあまりにも複雑であり、多くの場合これを経験的方法で引き出すのは困難にちがいない。」（レヴィ＝ストロース『構造人類学』）

スピノザのいう「永遠の相のもとに」は今や、『野生の思考』のいわゆる「非時間性」、通時態から共時態へのその移行にほかならない。『見えるものと見えないもの』の「研究ノート」でメルロ＝ポンティが「すべてが同時であるような」世界を「野生の存在論」の名のもとに語るのもこれと同じ意味においてである。

「野生の思考の世界認識は、向き合った壁面に取りつけられ、厳密に平行ではないが互いに他を写す（そして間にある空間に置かれた物体をも写す）幾枚かの鏡に写った部屋の認識に似ている。多数の像が同時に形成されるが、その像はどれ一つとして厳密に同じものはない。したがって像の一つ一つがもたらす装飾や家具の部分的認識にすぎないのだが、それらを集めると、全体はいくつかの不変の属性で特色づけられ、真実を表現するものとなる。」(『野生の思考』)

このことはいまひとつの帰結をもたらさずにはおかない。サルトルの『弁証法的理性批判』では「フランス革命の神話」が特権的な地位を占めている。だがそれは、レヴィ＝ストロースにとっては、「人間学を築こうとするサルトル」が「自分の社会を他の社会から切り離している」ことの証左である。これに対してレヴィ＝ストロースは言う。

「現在の地球上に共存する社会、また人類の出現以来いままで地球上につぎつぎ存在した社会は何万、何十万という数にのぼるが、それらの社会はそれぞれ、自らの目には、――われわれの西欧の社会と同じく誇りとする倫理的確信をもち、それにもとづいて自らの社会の中に、人間の生のもちうる意味と尊厳がすべて凝縮されていると宣明しているのである。それらの社会にせよわれわれの社会にせよ、歴史的地理的にさまざまな数多の存在様式のどれかただ一つだけに人間のすべてがひそんでいるのだと信ずるには、よほどの自己中心主義と素朴単純さが必要である。」(同右)

この言明は何かを想起させないだろうか。スピノザの『神学・政治論』第三章での聖書とユダヤ民族をめぐる考察である。

「神による選抜がユダヤ人たちにのみ特殊である限り、それは一時的なると永遠的なるとを問わず、単に彼等の国家と物質上の安楽とにのみ関する（このことのみが一民族を他の民族から区別し得るのであるから）のであり、これに反して知性並びに真の徳ということに関しては如何なる民族も他の民族から区別されず、従ってこの点においては一民族が他の民族にまして神から選ばれるということがない。」

レヴィナスはこの「選抜」を特権としてではなく「責任の過剰」として捉えた。それでもなお、レヴィ＝ストロースは一民族の例外視をそこに見るだろうし、また逆に、「スピノザの許し難い裏切り」をヤーコプ・ゴルディン（一八九六―一九四七）やレオン・ポリヤコフ（一九一〇―一九九七）と共に語るレヴィナスが、現代ユダヤ人意識にとってのレヴィ＝ストロースの危険性を直感したのはまさに当然であったと言えるだろう。『悲しき熱帯』でのレヴィ＝ストロースがイスラムを批判してキリスト教と仏教とのありうべき融合を語り、《ユダヤ》にまったく言及しなかったのは決して偶然ではなかったのである。

第 6 章

ユートピア――何を欲望しているのか?

——ブーバーからレヴィナスへと及ぶ、ユダヤ哲学者の堂々とした系譜のことを考え、そこにパレスティナ問題についての考察が完全に欠落しているのに思い当たると、日暮れて道遠しといった感慨に襲われる。だからこそ望まなければならないのだ。ユダヤ人とパレスティナ人とが、互いの違いを尊重し合うばかりか、彼らを縛っている闘争と生存の共通の歴史に対しても、等しく尊重し合うような共存の場を。

（サイード『パレスティナへ帰る』作品社）

《ユダヤ》にとって、「ここ」は異境であり他所であった。だが、それだけではない。《ユダヤ》はいまだ存在せざるもの、「どこ」にも存在しないもの、「どこでもないところ」への欲望でもある。この欲望が何らかの仕方でわずかなりとも実現されるとき、この「どこでもないところ」はどうなるのか。場所をもたないものが場所をもつとき、いったい何が起こるのか。散在するものが集中するとき、いったい何が起こるのか。イスラエル国が「ユダヤ人国家」として創設された日を人生最悪の日と感じたマルティン・ブーバーのユートピア論を取り上げながら、《ユダヤ》にとって「国家」とは何か、端的に「国家」とは何か。「国家」に代わるものとして、そこで何が提唱されたのかを考察する。

†エレフォン（Erewhon）

「形而上学的欲望は帰還を切望することはない。なぜなら、それはわれわれが生まれたのではまったくない国への欲望だからだ。どんな自然〔本性〕とも無縁な国、われわれの祖国ではなかったし、われわれがこれからも決して移り住むことのない国への欲望なのだ。」

レヴィナスの『全体性と無限』の一節である。祖国でも移住先でも決してないこの「国」がどんな「自然」とも無縁である以上、それは「ユートピア」〔どこにもないもの、場所ならざるもの〕としか呼びようのないものだろう。「どこ」との問いが意味をなさないような「非‐場所」。しかし、レヴィナスは「エルサレム」という固有名を用いてもいた。「政治的で文化的な自律的実在の相のもとでは、シオニズムは、ユダヤ人にしてギリシャ人である西欧ユダヤ人を至る所で可能ならしめる。だから、タルムードの叡智の「ギリシャ語への」翻訳はユダヤ人国家の大学の本質的使命である。（…）ディアスポラのユダヤ人とイスラエルの政治的再生に驚嘆した人類の全体がエルサレムのトーラーを待望している。」（『タルムード四読解』）

至る所にあり、どこにもない。別の箇所では、同じ事態が、「われわれはギリシャが知らずにいた諸原理をギリシャ語で言明するという大いなる使命を有している。ユダヤの特異性はその哲学を待望している」（『聖句の彼方』）と表現されている。ベン＝グリオンのような人物が「イスラエルの政治的再生」を「ディアスポラ」の終焉とみなし、この再生とともに「ヘブライ語」が甦ったその後で、レヴィナスはこう言っているのだ。ベン＝グリオンにとって「シオニズム」の成就と見えるものは、レヴィナスにとっては「シオニズム」という「高貴な使命」の途上で生じたひとつの政治的出来事にすぎないのだ。

ここで「翻訳」という行為について注目してみよう。レヴィナスが「シオニズム」の本義とみなしているものと、同じくレヴィナスが「存在するとは別の仕方で」の「存在すること」への「翻訳＝裏切り」とは同じものであることに気づかないわけにはいかない。「語りえないもの」についてウィトゲンシュタインの言うように沈黙するのではなく、「語りえないもの」の「秘密」を漏洩すること、それがレヴィナスにとっては「翻訳＝裏切り」であり、それこそが「哲学の使命」なのである。「翻訳＝裏切り」は「裏切り」であるがゆえに、語られるや否や「語り直され」ねばならず、ここにも限りない過程があるのだが、レヴィナスにあってはこのように、「シオニズム」の使命と「哲学」の使命とが重なり合っているのだ。

ここで思い起こされるのは、レヴィナスの友人モーリス・ブランショ（一九〇七―二〇〇三）が『文学空間』で取り上げたカフカの事例である。一九一六年頃、カフカはシオニズム運動に加わってパレスティナ〔カナンの地〕に赴き、農業労働者として働こうと真剣に考えていた。何のために。「安全と美のなかで意味に満ちた生活を見つめるために。」しかし、カフカはすでに病を得ていて、この夢は夢のままにとどまった。「約束の土地」たる「カナン」を求めるカフカの気持ちに変わりはないといえ、ブランショによると、そこに至ることができず世界から排除されているという苦悩がある時それは「肯定的経験」に転じたというのだ。

イサク・ルーリア（一五三四―一五七二）が書いた「カバラ」はスペイン追放後の苦しみのなかで追放を極限まで突きつめて考えることで生まれた。このドラマを、カフカは自分の創作活動に重ね合わせ、「自分の文学」全体を「新しいカバラ」と呼んだ。それを評してブランショは、カフカは自分のためではなく他の人々のために追放の終焉を望みながら、みずからはカナンにではなく砂漠へと接近し際限なく彷徨し四散したと論じた。曰く「カフカは同時にシオニストでありアンチシオニストである。」（『文学空間』）。

†国民とは何か

国家とは何か。国家を創設するとはどういうことなのか。ひとつの国家が独立するとはどういうことなのか。国家はどうすれば国家として承認されるのか。

そのような問いと向き合わずにいられないような仕方で、世界各地で殺戮が繰り広げられているにもかかわらず、ほとんど誰もこの問いを自身に提起することがない。また、自分の顔を自分が認知したのはいつどのようにしてであったかを決して知ることがないのと同様に、いつどのようにして自分が国民（時に主権者）となったかを問うこともない。すでに国民であるという既成事実に凭れかかったまま、一方では移民、難民に同情し、また一方では移民、難民がこちらの利益に反する者と化すや否や彼らをもテロリストと呼び、憂国の士を自称して恥じるところがない。

エルネスト・ルナン（一八二三―一八九二）の「国民とは日々の国民投票である」という言葉は、ともすれば最も安定したものと思い込まれている国家・国民なるものがいかに根拠薄弱であるかを物語っている。実際、筆者の人生にも、国家に関しては、主権喪失と回復、解体・分裂と統合、占領と解放、クーデタ、内乱、独立、革命、旧植民地の独立、連合、ブロック化といった多様な出来事あるいはその余波のごときものが刻印されている。

そして何よりも、国家は戦争と分かちがたく結びついている。戦争権はそれを持つにせよ放棄するにせよ、国家にしか係わらない。「戦争」なるもの自体が変容しているとはいえ、この点は変わらない。戦争だけではない、国家をめぐって生じる革命・分裂・統合・クーデタ等々が数多の人々の生活に甚大な作用を及ぼすものであったこと、それは言うまでもないだろう。

†ユダヤ人国家

一九四八年五月一四日のイスラエルの独立宣言ならびにイスラエル国の成立は、この文脈のなかでどのような意味を持つのだろうか。

イスラエル国はある領土を持つものとして独立したが、その地域や近辺に先祖代々住み続けてきた者たちが国民となったわけではない。むしろ一九世紀末あるいは二〇世紀以降にそこに移り住んだ者たちが独立当時の国民のほとんどであって、彼らにとってパレスティナは新天地であった。アルメニアの場合のように、離散しなかった者たちが多少とも残って現代の国家樹立につながったわけではないのだ。

だが、移住者にとってパレスティナの地は北アメリカ大陸が移住者たちにとって新世界であったのとも異なるものだったし、アメリカ合衆国で生を享けた黒人たちにとってのアフリカ大陸とも異なるものだった。

二千年ほど前まで、自分たちの祖先がパレスティナの地で暮らしていたというのである。かくも長き（?）空白に耐える契約や権利は存在するのだろうか。実際、「ユダヤ人国家」(Judenstaat）の提唱者自身が、必ずしも国家建設の場所はパレスティナでなくてもよいと考えていた。もっとも、神との契約だけは別かもしれない。この契約すなわち「ユダヤ教」ゆえに、パレスティナは「父祖の地」であり続けた。物語とその翻訳、そこに記された宗教的戒律や宗教的儀礼の反復ないし「伝承」が、「記憶にない過去」を補塡したのだ。

それ自体が驚くほど多様なこの「伝承」は、イスラムの場合と同じくユダヤ教徒の生活全般にまで浸透している。とはいえ、イスラムの場合とはちがって生来のユダヤ教徒というものはありえない。逆に言うと、ユダヤ教は「宣教」や「ジハード」と無縁なのである。アフリカ系の黒人であっても日本人であってもユダヤ教徒になりうるし(この点はイスラムについても同様である)、逆に、棄教を禁じて違反すれば死刑に処すといったこともない。しかし、ユダヤ教の信仰を捨て、時に別の信仰を公然と選んだとしても、イスラムともキリスト教ともちがって、「ユダヤ人」でなくなるわけではなく、その人物についても、ある恣意的な定義によって《ユダヤ》(judaïsme, Judentum)ということが語られ、彼/彼女はたとえばゲシュタポによって逮捕され、パレスティナの侵略者として糾弾されうるのだ。

この事例に限らず「〜人」「〜民族」という表現が明確な定義を持たず、だからこそ広範に使用されているのは本書第一章で述べた通りである。《ユダヤ》にもまたそのような意味が担わされる。居住地や使用言語がどれほど異なっていようとも、慣習や所作や身なりだけでなく、一方では漠然たる思想傾向、世界観、気質、雰囲気、他方では身体的な特徴を、ひとことで言うなら「ユダヤ的なモノ」を共有しているはずだ、というのである。

とはいえ、それは単なる偏見ではない。《ユダヤ》自身が「母」を通じて血縁的同一化を維持しようとしているからだが、これとて、厳密に考えれば、臆測にもとづくある縛りの域を出ないであろう。にもかかわらず、そのような者がイスラエル国の国民でありうるとすれば、《ユダヤ》である限り、地理的にイスラエル国に一度も居住したことがなくとも、それどころか、移住を拒否していたとしても、潜在的な、というよりもむしろ可能的な国民たりうるのである。

もちろん、国家という世俗的制度である限り、そのような《ユダヤ》だけが国民を成しているのではまったくない。イスラエル国の建国宣言およびそれに続くアピールを見ると、イスラエルは「ユダヤ人国家」と規定される一方で、「宗教、人種、性に関係なくすべての住人に完全に平等な社会的かつ政治的諸権利を保障する」とある。また、「われわれに対するこの数カ月の激しい攻撃の最中で、われわれはイスラエル国のアラブ人住人たちに、平和を維持し、完全かつ平等な市民権ならびに暫定的または永続的諸制度すべてにおける当然の代議権に基づいて国家の構築に参画するよう呼びかける」と記されてもいる。

†建国宣言への失望

しかし、この建国宣言に深い失望を覚えた者がいた。そのひとりがマルティン・ブーバーであった。

「イスラエルを再生させるために、私はシオニズム運動に係って五〇年になるが、歓びをもって私は活動してきた。今日、私の心は引き裂かれている。ある政治的構造の名のもとに開始された戦争は、民族的生存のための戦争にいつ転じるかもしれない。だから私は、他のユダヤ人と同様、私自身の生存を賭けてそれと係ったのだが、今日私の胸は痛んでいる。勝利の報せを聞いても、私は喜べないだろう。なぜなら、私はユダヤ人たちの勝利がシオニズムの敗北を意味することを恐れているのだから。」

『二様のシオニズム』（一九四八年）の一節である。ブーバーがエルサレムに移住しサイード宅に移り住んだのは一九三八年三月のことで、「五〇年」とあるように、世紀の変わり目あたりからブーバーは様々なシオニズム運動と係り続けた。一九〇〇年にはベルリン・シオニスト連盟のなかに芸術・文化部門を設立、『ユダヤ人国家』（一八九六年）の著者テオドーア・ヘルツル（一八六〇―一九〇四）に求められてシオニストの機関紙『世界』の編集長を務めるが、ユダヤの宗教とも文化とも無縁で、必ずしもパレスティナでの国家建設を意図していなかったヘルツルとはすぐさま対立することになる。

一八九九年、ブーバーはある人物と出会い、決定的な影響を受けた。その人物の名はグスタフ・ランダウアー（一八七〇―一九一九）、バイエルン＝レーテ共和国（一九一九年四月に成立）での「評議会共和制」樹立に貢献したドイツ・ユダヤ人のアナーキスト的社会主義者・平和主義者である。フランスのジョゼフ・プルードン（一八〇九―一八六五）、ロシアのアナーキスト思想家ピョートル・クロポトキン（一八四二―一九二一）の影響を強く受けたといわれる。ランダウアーとの出会いをきっかけに、ブーバーは大学での専攻を科学と美術史からキリスト教神秘主義に切り替えた。ランダウアーは中世ドイツのキリスト教神秘主義者マイスター・エックハルト（一二六〇？―一三二八？）の信奉者でありその著作の近代ドイツ語への翻訳者でもあった。

ブーバーは、ランダウアーを理論的支柱としてハインリヒとユリウスのハルト兄弟がベルリンで設立した「新しい共同体《ゲマインシャフト》」（一九〇〇年―一九〇四年）と深く係るようになる。「新しい共同体」は、「ボヘミアン的アナーキズムとかなり混乱した神秘主義のあいだで逡巡する作家、芸術家、大学人」から成る集団で、定期的に講演、講義、祝宴、会食、遠足、散策を実施した。子供向けの美術の入門講座も行ったようだ。「誠意、人間的熱意、物腰の自由さ、感情と内面性の表現を連合するような社交性」をめざし、「都市と田園、自然と文化のあいだを往還しながら両者を接近させようとする日常生活を送り、手仕事と芸術的かつ知的な活動を和解させようと努めた」といわれる。

ブーバーはそこで何度か講演を行っている。ランダウアーの「ユダヤ性」については諸説紛紛として定説はいまだないが、「新しい共同体」は必ずしもユダヤ的なものと直結した運動ではなかった。ブーバーの仲介によって初めてクロポトキンやランダウアーの思想は一九一〇年頃から、パレスティナへの移住を望む者たちに浸透していったのだ。

†キブツの理念

「第二次アリヤー〔イスラエルの地への移住を意味する。原義は「上ること」〕」と呼ばれる一九〇五年のパレスティナへの移民のなかに、土地を耕し自然とひとつになることを求めるひとりの人物がいた。ウクライナ出身のアハロン・ダヴィッド・ゴルドン（一八五六―一九二二）である。彼を中心として生まれたのが「ハポエル・ハツァイール」〔青年労働者〕運動で、ブーバーは一九一九年にこの運動のドイツ支部の成員となる。ゴルドンら「第二次アリヤー」の移民たちが最初の「キブツ」〔ヘブライ語で集団の意〕を築いたのは一九〇九年のこととされている。同じく一九一九年頃から、ブーバーは「キブツ」の理念に同調し、入植を通して社会を真に共同体的なものへと変革せよと「革命的入植」を訴え始める。

資本主義的搾取とも帝国主義的侵食とも無縁な「革命的入植」をランダウアーが訴えたのとほぼ同時期、ブーバーはすでにアラブ人問題をも取り上げ、当時の混乱を超えて、いつかアラブ人労働者たち、アラブ民族との連帯、利益の一致の自覚が生まれるだろうとの期待を表明し、連帯しながらもそれぞれがそれぞれの仕方で自立的に発展していくような中東の「連邦制」的編成を構想していた。「二民族国家」(Zwei-Völker-Staat) という発想もそれに伴って錬成されていった。かくも重要な思想展開のきっかけのひとつであったランダウアーのアナーキズム的社会主義とはどのようなものだったのだろうか。

この点についてはブーバー自身、ランダウアーの遺稿を出版するとともに、その伝記を初めとしてまとまった記述を遺してくれている。『ユートピアの様々な小径』(以下『ユートピア』と略記) の第六章もそのひとつである。この著作は一九四五年春に完成され、ヘブライ語版は一九四七年に、ドイツ語版は一九五〇年に出版されたが、ドイツ語版には、一九五〇年の講演「社会と国家のあいだ」が第一二章として付加されている。『ユートピア』はイスラエル建国前後のブーバーの知的抵抗にほかならなかった。それを取り上げるのにはもうひとつ大きな理由がある。同書のフランス語訳に序文を書いたのがレヴィナスなのである。

†ユートピア的社会主義の道々

『ユートピア』でのブーバーは、マルクス／エンゲルスの『共産党宣言』（一八四八年）第三章第三節「批判的‐ユートピア的社会主義もしくは共産主義」から論を起こしている。表題が指し示しているのはサン＝シモン、シャルル・フーリエ、ロバート・オウエンらの学説で、それについてはまず、「真に社会主義的で共産主義的な学説、サン＝シモン、フーリエ、オウエンなどの学説は、プロレタリアートとブルジョワジーのあいだの闘争がまだ未発展な初期段階に出現した」とされている。時代と学説とのこのずれはどのような帰結を生んだのだろうか。

「批判的‐ユートピア的社会主義または共産主義は歴史的発展との逆立ちした関係のなかに存している。階級闘争が発展し形を成すに応じて、階級闘争のこの空想的乗り越え、階級闘争のこの空想的克服がすべての実践的価値、すべての理論的〔観照的〕正当化を失う。だから、これらの学説の提唱者たちは多くの点で革命的であったが、その弟子たちは例外なく反動的なセクトを構築した。彼らはプロレタリアートの歴史的進展に抗して師たちの時代遅れの直観を堅持した。彼らは依然としてつねに社会的ユートピアの実験的実現のためにブルショワの博愛と財布に頼らねばならないのである。」

ここで一体誰が、何が非難されているのだろうか。「時代遅れの直観」と断じられているとはいえ、サン＝シモン、フーリエたち自身が非難されているわけではない。むしろ、階級闘争の展開によってプロレタリアートが形を成してきたにもかかわらず、それが未発達であった時期の理論に依然として依拠した追随者たちが非難されているのだ。その意味では、マルクス／エンゲルスに「共産主義者の信条の作成」の執筆を依頼した「義人同盟」それ自体が「ユートピア的」と形容されて然るべきなのである。

マルクスとエンゲルスの論難は、当の「義人同盟」のような自称共産主義者たちの錯誤に向けられている。この視点に立ってブーバーは、「批判的‐ユートピア的社会主義」の提唱者たちを肯定的に語ったマルクスとエンゲルスの言葉を列挙するとともに、ジョゼフ・プルードンにも言及して、『哲学の貧困』での反駁以前に、彼らがプルードンの『所有とは何か』について「経済学に革命をもたらし、経済に関する真の科学を可能にした」と発言していることを紹介している。マルクスとエンゲルス自身の立場を十分に考慮したとしても、マルクス主義以前の「ユートピア的」社会主義思想家たちの思想は改めて真摯に検討されるべきものなのだ。

ただ、それでもなお、邦訳でも「空想的」という訳語が充てられているように、「ユートピア的」が一種の侮蔑的表現と化したことに関して、マルクスとエンゲルスが何の作用も及ぼさなかったかというと、そうではない。しかし、道はただ「ユートピアから科学へ」と線形的に伸びているのだろうか。「科学」は「ユートピア」の克服たりうるのだろうか。この点でブーバーは、「マルクス主義は、そのユートピアへの敵対にもかかわらず、隠れユートピア信仰との嫌疑を決して払拭できない」というパウル・ティリッヒ（一八八六―一九六五）の言葉を引いて、マルクス主義にとどまらず、マルクスとエンゲルスの「科学」そのものが「ユートピア的」性格を有していることを指摘する。

マルクス主義の「ユートピア」が「革命後」の「ユートピア」であるとすれば、いわゆるユートピア社会主義者たちのそれは「革命前」の「ユートピア」である。論点を先取りして言うと、ブーバーは革命前の「ユートピア」を預言者的なもの、革命後の「ユートピア」は黙示録的なものとみなし、前者をイスラエル、後者を古代イランに由来するものとしている。もちろん、マルクス主義のうちにも預言者的なものは存在しているが、黙示録的なものに圧倒されている。

エルンスト・ブロッホ（一八八五―一九七七）は『ユートピアの精神』（一九一八年）で、マルクスからこの黙示録的側面を抜き出し、それを「いまだ意識されざるもの」としての「ユートピア的願望」たらしめた。それに対してブーバーは、最後の日がどんな日かを知っているのはマルクスだけだというローゼンツヴァイクの揶揄《やゆ》を引いて、マルクスのヘーゲル的歴史観への退行を指摘し、「必然の国から自由の国への人類の飛躍」というマルクスの言葉はなんら科学的根拠をもたないと断じている。とはいえ、「ユートピア」はその黙示録的形式に尽きるものではない。その預言者的形式を再検討することで、マルクスとエンゲルス、マルクス主義における、否定的なものならざる「ユートピア」的側面を賦活し、袋小路に嵌まり込んだ社会主義を救い出すことができるのではないか、そうブーバーは考えたのである。

†像と形態

これをブーバーは「ある理念の発展の跡を概観するのではなくある理念の像《ビルト》をその発展において辿ること」と言い換えている。そもそも彼にとっては「ユートピア」とは「像」であった。「像創造」であり像への「願望」であり「願望の像」であった。「発展」をめぐるこれらの言い回しは、プロレタリア独裁国家の死滅後のいつだか分からないときに「理念」が実現されるのではなく、「理念」の「像」がすでに今ここで生成中であることを示そうとしている。しかし、それはどのような「像」なのだろうか。まず強調されるのは、この「像」が無定形のものでも浮遊するものでもなく、中心を持ちしっかり建築的に構造化されたものであるということだ。

「ユートピアとは像、しかし現実には存在しないでただ表象されるにすぎない何かについての像である。そうした像は一般に幻想像と名づけられるが、しかしそれではまだ少ししか語られていない。その幻想は、ふらふらさまよっているのでもなければ、変り易い感興のままにあてどなくゆり動いているのでもない。それは第一義的かつ本源的なあるものに構造的にしっかりと中心をおき、これを建設することをもってみずからの課題とするところのものである。」

ここでブーバーがカントにおける「建築術」としての「システム」という定義を踏まえているのは明らかである。「ゲシュタルト心理学」初期の理論家カール・シュトンプ（一八四八—一九三六）の教えを受けたブーバーは「システム」を「形」「形態」（Gestalt）という語で語ることになる。ただ、「建築術」と言ったけれども、緻密に対称性を勘案して構想されたフーリエの「ファランステール」〔共同住居〕について、ブーバーが「無定形」と断じているのは実に興味深い。次の引用は、ブーバーのいう「像」がこれまたカントの「構想力」、その図式論と結びついていたことをはっきり示している。

「ユートピア的願望は、すべての像形成のように、よしそれが魂の奥底に根差しているとしても、衝動的な何ものでもなければ、自己満足的な何ものでもない。この願望は、魂と親しく通じながらもそれに制約されはしない超個人的なあるものと結合している。そこに働いているのは、宗教的または哲学的想念において、啓示または理念として体験され、そして本質上、個々人のうちにではなく、人間的共同体自体のうちでのみ実現されうるところの、かの正しきものへの渇望なのである。」

†国家と小さな社会単位

そのブーバーによると、サン＝シモンは、国家による強制を産業の、ひいては社会の自発的発展によって置き換えようとした。「国家」は「産業組合」でしかないと彼は言うが、それもまた中央集権的な巨大組織であって、ブーバーによると、社会の構造的変革を真にもたらす「小さな社会単位」をめぐる構想がサン＝シモンには欠如していた。逆にフーリエにはこの「小さな社会単位」しかない。前出の「ファランステール」は自足的な「ホテル」のごときもので、個人の連合は語られてもホテル同士の連合については語られず、また、個人の所有と要求は現状のままであって、その限りで、矛盾から調和への移行はまったく不可解なものにとどまっている。

いずれの思想家も、新たな社会を構築しうるような社会単位を十全に捉えるには至っていない。ひとりオウエンは実験と経験によって、農業を基礎とする諸共同体の有機的連関に思い至った。そう述べつつ、ブーバーが「相互的な所有と享受、共有財産の所有と享受」というテンニエス(一八五五―一九三六)のいう「共同体《ゲマインシャフト》」の規定を引用しているのは見逃せない。「国家」と「社会」の関係ならびに「社会《ゲゼルシャフト》」そのものの構造変換の鍵を握るのは「共同体」だというのである。

何よりも反中央集権的な「相互制」にもとづく「自治体主義」と「連合主義」の構想によって、プルードンはサン=シモンとフーリエが解決できなかった問題を解決する可能性を摑んだ。プルードンに対するブーバーの評価は高い。しかし、それでもなおプルードンの社会主義には欠けているものがひとつあるとブーバーは言う。何だろうか。

「現存する社会的諸単位、また、そのなかで古い共同体的構築が存続しているような諸単位もまた、そのままで、正義において相結合できるのかどうか、また、新しい社会的諸単位も、その成立の当初からまさに自由と秩序の結合が刺戟となり形成力となって働くのでなければ、正義において相結合できるのかどうか疑わしい。」

社会的諸単位が結合して正義を実現するためには、これらの単位それ自体のなかにその萌芽がなければならない。だが、そのような単位の形成過程をプルードンは示さなかった。新しい社会的単位のなかに、あるいは現存する社会的単位のなかにすでに存している正義の芽のごときもの、それがどこから来るのかと言えば、この引用文では明確には語られていないとはいえ、「古き共同体的構築」以外にはありえないのではないだろうか。

「所有とは盗みである」、「アナーキズムとは強権の原理、警察制度、拘束や抑圧の諸方策、官僚制、租税などが最も単純な表現に縮減される統治形態もしくは政体である」といったプルードンの考えを継承し、様々に交錯し相互に支持し合う地域自治体連合と職業連合の二重のコミューンを発想したのが、ブーバーにとっては、クロポトキン（一八四二―一九二一）であった。

田園と工場から成る農村。同一人物がその双方で働き、そうすることで、人間が人間としての権利を持つに至るというクロポトキンのヴィジョンにブーバーは同調する。だが、クロポトキンのアナーキズムは、中央集権国家を国家一般と混同したがために、廃絶されるべき国家的なものとむしろ維持されるべき国家的なものとの区別を疎かにしてしまった。そこで登場したのがブーバーにとってはランダウアーなのである。そのランダウアーは「国家」についてどう言っているのだろうか。

「国家とはひとつの係りであり、人間のあいだのひとつの係りであり、人間が互いにどう振舞うかというひとつの仕方である。別の諸関係に入ることで、互いに別様に振舞うことで、ひとは国家を解体する。」

ランダウアーも「解体する」と言っている。けれども、「国家」は一挙に、全面的に解体されるのではない。そうではなく、「国家」とは「別の諸関係」がより豊かなものになればなるほど、それに反比例して「国家」という諸関係は縮減されていくのだ。ここには「国家」か「国家の死滅」かの二者択一は存在しない。

†民族《フォルク》とは何か

では、「国家」とは「別の諸関係」とは何だろうか。それをランダウアーは「フォルク」〈民族〉と名づける。「国家」と「民族」。後で立ち戻るが、この問題系を激越な仕方で提起したのはニーチェだった。例えば『ツァラトゥストラはかく語りき』第二部には、「いまもどこかに民族の群れがあるだろう。しかし、われわれのところにはない。兄弟たちよ、ここにあるのは、国家だけだ。／国家！　国家とは何か。さあ、いまこそよく耳をひらいて聞くがいい。いまわたしは民族の死について語るのだから」とある。

ランダウアーにとっては、「フォルク」と呼ばれる諸関係は個人が何らかの経緯で加入したり形成したりする集団ではなく、それらに先立つものである。しかし、先立つものではあるが、そのようなものとしてそのまま実在するのかというとそうではない。既在のものだが再創造せねばならないものなのだ。社会主義とは新規なものの案出ではなく、今どれほど深く埋没し荒廃していようとも、国家とは異質な諸関係として「古くから存在するもの」、この「伝承」の（再）「発見」なのである。次の引用文で、「再び結集する」（sich wiederfinden wieder）という表現が言い表そうとしているのもこの逆説である。

「この別の関係をランダウアーは民族《フォルク》と呼んでいる。これは人々の間に実際に存在するが、しかしまだ団結や連合ではなく、まだより高次の有機体になっていない結合体である。生産および流通の過程を通じて人々が再び民族にまで結集し、「無数の器官と関節をもつ有機体にまで合成する」に応じて、今まで原子化されていた人々の精神と願望のうちにしか生きていなかった社会主義が現実と成る。」

「形態」（Gestalt）がブーバーの鍵語であることはすでに述べた。ただし、それは静態的な「地と図」構造の形成では決してなく、細胞分裂におけるように不断に分化と連結を続ける力動的な過程であって、その点を強調するためだろうか、ブーバーはGestaltungという語を用いてもいる。画家のパウル・クレー（一八七九―一九四〇）がワイマールのバウハウスでの一九二〇年代の講義で、同じくGestaltungという語を用いていたことを思い起こさずにはいられない。

†マルクスに向き合うランダウアーとブーバー

ブーバーはランダウアーのいう「革命」において「精神」ないし「意志」（Wille）が最重要なものであることを指摘している。ニーチェ的な「力への意志」、その「主意主義」

をランダウアーは踏襲していると考えられる。「精神のあるところに社会があり、精神のないところに国家がある」(『自治‐協同社会宣言』同時代社、四一頁)という言葉は、「精神」が「国家」に抗する「社会」にほかならないことを示している。ブーバーの講演の題名「社会と国家のあいだで」もこれと別のことを語っているのではない。「国家」対「社会」というこの問題系はレヴィナスの哲学の中心に位置するものでもあったし、また、人類学者ピエール・クラストル(一九三四―一九七七)の著書『国家に抗する社会』(一九七四年)を介してドゥルーズとグァタリの仕事にもつながることにもなるだろう。

ランダウアーによると、「社会主義とは、理想を求めて新しい何かを創造しようと一つにまとまった人びとの意志の方向」(同右四四頁)である。資本主義の発展の法則があって、そのある段階で人びとは結集しなければならない、というのではまったくない。極論すれば、いつ何時であれ、まず意志することが必要なのだ。それがなければ何も始まらない。それがどこであれ、それがいつであれ、今ここで意志すること。この点についてランダウアーは、誰もがその「ダイモーン」(守護霊)を有しているのと同様に、どの「トポス」(場所)もその「ユートピア」(ウ‐トポス)(非場所)を有していると考えていた。

ある「トポス」Aが別の「トポス」Bに移行するとしよう。もはや「トポス」Aではないが、いまだ「トポス」Bではないような「途上」、それがランダウアーにとっては「ユートピア」であった。「ユートピア」は二つのトポスの境界線であるとも言われている。それは「トポス」の連鎖のなかに人間たちの意志が刻む断線であって、この裂け目を通して、地下に蓄積された「潜在的なもの」――「トポス」を可能にしつつもそこには吸収されずむしろ「トポス」への反作用となるもの――が溢れ出て諸々の「トポス」を超え出ていくのだ。ブーバーはランダウアーのこの発想を共有していた。

「「ユートピア的」社会主義は特殊な意味で局地的と規定される。それは「場所なし」ではなく、むしろ時々に与えられた場所でまた与えられた条件下で、したがってまさに「ここでいま」、ここでいま可能な限度において実現されるだろう。」(『ユートピア』)

ブーバーは、マルクス主義における「ユートピア的」要素を否定的なものとしてではなく甦らせようとした。この点では、ランダウアーのマルクスに対する態度はブーバーのそれよりもはるかに厳しく激越である。一九一一年当時のドイツで社会主義者を自称する者は誰ひとりとして社会主義者ではない、とランダウアーは断じる。存在するのはその「代用品」でしかない。全体を生き生きと認識する精神の貧相な「代用品」は「似非科学」とも「科学的迷信」とも呼ばれているが、その元凶がカール・マルクスそのひとだというのである。

では、マルクスの罪過とは何なのだろうか。生きるとは「新たな生成」を生き、異質で不確実な世界を生きることであるというのに、マルクスは複雑きわまりない諸事象の動的多様性を不当に単純化・画一化・一般化して「一本の糸、一つの秩序、一つの統一体」へと無理やりまとめあげ、「唯物史観」の名のもと、資本主義から社会主義への移行ないし進歩を自然的必然過程として提示したのだ。例えば、マルクスは「剰余価値」の発生を資本家ないし企業家による収奪に一元的に帰しているが、実際には、「剰余価値」という「関係性」は経済過程のすべての流れのなかで成立しうるものなのである。

「唯物史観」は科学的迷信である。そこにランダウアーは、小市民、小規模な農民や職人など過去のものはいずれも見下し、進歩を信じて疑わない「スノッブ」の姿を見て取る。この「スノッブ」は自分の都合のよい時と状況を社会主義の始まりとみなすが、それが描く社会主義的社会は、国家・官僚機構・軍隊制度の集中、資本主義的な経済的・技術的集中を誇るもので、高度に中央集権的で国家主義的な資本主義社会以外の何ものでもない。そもそも、資本主義は社会主義に自然的に移行することなどなく、たとえそれが無一物のプロレタリアートであったとしても資本主義という構造のなかにいるすべての人間の行動はそこに深く巻き込まれている。だからこそ、今すぐ「内面、外面ともに資本主義から離脱可能な状態に身を置き、その役割〔資本主義のなかでの生産主体という役割〕をやめ、人間的であろうとし始めた者だけに、解放は存在する」（『自治』一六六―一六七頁）のだ。

しかし、どうすれば離脱可能な状態に身を置くことができるのだろうか。「ひしめき合う人びとが移住できるような、占領されていない土地はもうない」（同右一五一頁）こと、この点をランダウアーは自覚しつつも、土地を資本の添え物のように捉えて土地についての正しい認識を持つことのなかったマルクス主義者たちに抗して、「飢え、働く手、大地」をモットーとして掲げ、所有物となりえない土地への回帰と貨幣という偶像の破壊を遂行するためには、まずは国内入植地の何らかの手段での購入が不可欠であると訴えた。ただ、そこからの道についてはランダウアー自身見当のつかないものだったのかもしれない。「〈社会主義への〉最短の途は、どこを通って通じているのだろうか。ロシアを経由しているのかもしれないし、インドを経由しているのかもしれない。ただ、知りうることは、我々の途は、日常の方向性、日常の闘争の先に続いているのではなく、未知のもの、深く埋もれたもの、突如として生起するものの先に続いているのだ。」（ランダウアー『レボルツィオーン』一七〇頁）

†「可能なる」コミュニズム？

ロシアとパレスティナでこの動きがその後どのように展開したかを「ソヴィエト」と「クヴツア」「キブツ」という視点から論じたのがブーバーの『ユートピア』であった。ブーバーはというと、マルクスのなかに僅かに垣間見られる「ユートピア的社会主義」への志向の延長線上で様々な共同体的実験を捉えようとしていた。それはどのようなマルクスだろうか。『フランスにおける内乱』のマルクスであり、パリ・コミューンを語るマルクスである。「コミューン」〔小集団〕の連合主義を、全体を細分化する「プルードン化された」シュティルナー主義」として批判していたマルクスは、パリ・コミューンに接して、実に微妙な発言をすることになる。「「可能なる」コミュニズム」という表現が使用される箇所である。少々長くなるが、ブーバーはこう書いている。

「ここでは、脱中央集権化は分裂ではいささかもなく、有機的土台に基づく民族的統一性の新たな構成、社会的民族力の、ひいては民族有機体全体の力の再活性化を意味している。マルクスは言っている。「コミューン制度は、社会を食物にし、社会の自由な運動を妨げてきた〈国家〉という寄生的無用物がこれまで消費してきた力をすべて社会体に返したであろう。この行為だけで、フランスの再生は開始されるだろう。」ここでマルクスが歴史的に特定されたある国家形態についてではなく、国家一般について話しているのは明白である。局所的自治が「自明なもの」と化すことによって、国家権力は「余計なものとなる」。このような対立について、「ユートピア的」社会主義者のなかでもこれほどラディカルに意見を表明した者は誰もいない。

しかし、コミューンの政治的構造はマルクスにとって、本来的で決定的な事柄、大きな社会変革への前庭でしかない。（…）マルクスはこう叫んでいる。「協同組合的生産が単なる欺瞞や陥穽にとどまるべきでないなら、もしそれが資本制にかわるべきものであるなら、もし協同組合の連合体が共通の計画に基づいて全国の生産を調整し、そうすることによってそれを自らの統制のもとにおき、資本主義的生産の宿命である不断の無政府状態と周期的な痙攣を終わらせるべきなら――諸君、それはコミュニズム、〝可能なる〟コミュニズム以外の何ものであろうか！」すなわち、コミュニズムの「不可能性」という一般に流布された解釈とは反対に可能なものとして示されたコミュニズムなのだ。コミューンと協同組合の連合もまたマルクスによって真正なるコミュニズムと認められているのである。」（『ユートピア』）

『ユートピア』のなかにこの一節を見出したとき、筆者は大きな衝撃を受けた。というのも、別の文脈でマルクス『フランスの内乱』のこの一節と格闘した記憶が甦ったからだ。引用文中「連合」と訳したのはAssoziationであるが、二〇〇〇年から二〇〇三年にかけて、不可能性への安住を脱して、ほかでもない『フランスの内乱』のこの箇所に依拠しつつ、「アソシエーション」をモットーに「NAM」（New Associationist movement）の運動を展開したのが柄谷行人であり、拙著『吉本隆明と柄谷行人』（PHP新書）でそのことを取り上げざるをえなかったのである。

『フランスの内乱』の当該箇所の解釈はきわめて難しく、果たして自分の解釈が正しいのかどうか今も分からない。ただ、少なくとも筆者は「可能なるコミュニズム」という表現をブーバーや柄谷のように肯定的に解釈することができなかった。それにしても、おそらくブーバーに対しては一度たりとも思想的な共感を示したことがなく、むしろブーバーと因縁浅からざるパレスティナ出身の思想家エドワード・サイードとの近接をみずから好んで語る柄谷とブーバーが、柄谷自身のいうマルクスの「可能性の中心」を同じところに見出しているのは実に興味深い。しかも、ブーバーにとっては、この「可能性の中心」、というか、極小の可能性はパレスティナの地での「キブツ」の運動にあったのだ。

ランダウアーは、特に自分自身がなす消費に関しては、即座に資本主義の市場から離脱できるようにせよと呼びかけた。この呼びかけは「NAM」の運動をどこかで連想させるものではないだろうか。また、「科学的迷信」としてのマルクスの歴史哲学、労働条件の向上というその迷妄的ヴィジョンへの容赦ない批判という点では、ランダウアーはシモーヌ・ヴェイユ、ハンナ・アーレントの先駆であったのかもしれない。

†ナクバ

アーレントが、二民族国家、中東連邦制構想に関してユダ・マグネス（一八七七―一九四八）、マルティン・ブーバーに連なる立場を取ったことはよく知られている。だが、若きアーレントが一九三五年亡命先のパリで「若者の指導者：マルティン・ブーバー」なる熱烈な賛辞を『青年ユダヤ新聞』に寄せていたという事実は、おそらく今でもあまり知られていないのではないだろうか。私自身一読して、アーレントがこれほどブーバーを信奉していたのかと驚嘆した記憶があるけれども、あえて言うなら、ハンガリー動乱における評議会の浮沈をモデルとした「力の空間」の形成と消滅について、アーレントが何らかのヒントをブーバーの『ユートピア』から得たということはまったく考えられないのだろうか。ランダウアーのいう「フォルク」が国家という諸関係とは異質な諸関係を含意するということを勘案するなら、この仮定は十分に成立しうると筆者は考えている。

けれども、ランダウアーを引き継いでブーバーが語る「キブツ」となると、「フォルク」というものの含意は限定を被らざるをえない。「アリヤー」をみずから決意しなければならないとはいえ、「ユダヤ人」という、究極的には定義不能なものを含んだ限定が多少なりともなされるからだ。ブーバーは言っている。「私が歴史と現在を見渡す限りでは、完全な協同組合を創出せんとする唯一の包括的試みにだけ、社会主義的意味でのある程度の成功を認めることができるだろう。それは多様な形態をまとってパレスティナに存在するヘブライ的協同組合的村である。」この「村」が「クヴツァ」もしくは「キブツ」であり、もちろんそれも、みずからの内部に巣食う諸問題、「村」相互の連関、一般社会との連関にまつわる諸問題を抱えていた。

「協同組合的入植の歴史のなかで、ある一定の人間集団に適合した集団生活の形態の弛まぬ探求、このように不断に更新される試み、自己犠牲、自己批判、新たな試みが、同じ幹から、同じ形態衝動から絶えず新たな枝がこのように生えることは他のどこにもない。」この「村」はそれ自体が「生成しつつある共同体的器官」であって、その敏感さゆえに絶えず絶望の淵に突き落とされるが、そのたびにより高い、感情的ならざる希望を掻き立てるのだ。その意味で、「このうえもなく分別ある凝視と熟慮を経て、地球上のこの一点に、どれほど部分的失敗があるにせよ、失敗ならざるものとみなすべきものがある——まさにそのようなものとして、それは模範的な失敗ならざるものなのである」。

読者諸氏はこのようなブーバーの評価を読んで何を思うだろうか。広河隆一による映画『パレスチナ1948:NAKBA』が上映されたのは二〇〇八年のことだった。今では、「クヴツァ」ないし「キブツ」の多くが、アラブ人村落を破壊し、アラブ人たちを追放したその跡に建設されたということを知っているひとも少なくないだろう。イスラエル国独立の前後、早尾貴紀によると、多くのパレスティナ人が虐殺され、およそ八〇〜一〇〇万人が住んでいた場所を追われて難民となり、この出来事が、アラビア語で「大災厄」を意味する「ナクバ」という語で語られているのだ。ハンナ・アーレントはこの事態を予見することのできた稀有な思想家だった。

「戦後になって明らかとなったのは、解決不能な唯一の問題とされていたユダヤ人問題が――入植とそれに続く領土の征服という手段によって――真に解決されえたということ、しかし、これは少数派問題も無国籍問題も解決しなかったということである。逆に、ユダヤ人問題の解決は今世紀のほとんどすべての事件と同じように難民の新たな範疇、つまりアラブ難民を生み、無国籍者の数を更に七十万ないし八十万人も殖やしてしまったのだ。」『全体主義の起源』のこの一節をみずからの『パレスティナ問題』で引用したのはエドワード・サイードである。サイードの表現を用いるなら、アーレントは「アイロニカルな複眼」ゆえにこう指摘することができたのだろうが、サイード自身は、アラブ人村落に代わってユダヤ人村落が建設されるに際してイスラエル第五代首相ゴルダ・メイア（一八九八―一九七八）が「パレスティナ人など存在しない」と断じたのと同様に、アラブ人村落がそもそも存在しなかったかのように操作がなされていく様を描き出している。「われわれユダヤ人はアラブ人村落の名前を知らない」→「そのような村落は地図に載っていない」→「そのような村落は最初から存在しなかった」、というわけである。果たしてブーバーは「負のユートピア化」のこのような操作に気づいていたのだろうか。

アラブ人近隣者と親しく交わり、彼らからも慕われ、つねにアラブ人居住者の利害を気にかけ、二民族国家論を決して放棄することのなかったブーバーではある。だが、少なくとも筆者の推測はこの点については否定的である。それがどのように表象されるにせよ、ここで問題となっているのが相互現前的な連関ではなく、ある集団や個人の「そこ」そのものに先在する不在者であるということは、この推測と無関係ではないように思われる。ただここにいることによって誰かを踏みつけ、誰かを追い出しているのではないか。「起源」はそれに先立つものを抹消しているのではないか。

†ブーバーとレヴィナスの知られざる論争

「マルチン・ブーバーと認識の理論」（一九五八年）を皮切りに、一九八〇年代に至るまで、いやある意味では生涯に異わたってレヴィナスはブーバーの思想との対決を継続した。けれども、この対決にはこれまでほとんど顧みられることのなかった局面があったのではないだろうか。一九五八年のブーバー論に対するブーバー自身の応答が、レヴィナスによって『固有名』で公開されている。

「私のいう〈私〉-〈きみ〉の関係は「単に精神的な友情」において頂点に達する、とレヴィナスは想定しているが、この点でレヴィナスは甚だしい誤りを犯している。（…）レヴィナスの想定しているエーテルなどまったく存在しない。人間たちの固く過酷な大地が、共通ならざるもののなかの共通性があるのだ。」（『固有名』）

ブーバーの応答の一部を引用しながら、筆者はこの応答がレヴィナスにとっても、またブーバーにとっても有していた意味をまったく考えてこなかったと反省せざるをえない。加えて、『ユートピア』フランス語訳への序文は、ブーバーとレヴィナスとの知的交通という点で何十年ものあいだその重要性を感じながら、一度もきちんと論じたことのなかった文書なのである。

当然のことながら、この序文で「ユートピア的社会主義」の試みのひとつ、いや、「世界危機」のなかの最後の希望のごときものとしてブーバーが「キブツ」を挙げ、それにレヴィナスが言及している。「キブツ」についてレヴィナスは何を語っているのか。少なくとも私にとっては、これは単に挿話的な言及ではなく、レヴィナスの哲学の核心に係る本質的な言及であった。

「本質的な」と言ったが、この表現には少なくとも三つの意味が込められている。第一に、一九七四年に出版された『存在するとは別の仕方で』の最後の部分は「別の仕方で言うなら」（Autrement dit）と題され、この部分はまた第六章「外へ」（Au dehors）とも題されている。この二重の題名はローゼンツヴァイク『救済の星』の掉尾に付された「門」(Tor) というタイトルに対応しているように思われる。そして、この「門」は、ローゼンツヴァイクが「新しい思考」(一九二五年) で語った「もはや書物ならざるもの」、「日常」の生活への「門」とみなすことができるのではないだろうか。

「外へ」と題された僅か一五頁たらずの記述は非常に分かりにくく、何か異質な感じを与える。

「世界なき、場所なき自己の開けとしての、ユートピア (場所なきもの)、幽閉されざること、果てに、呼気に至るまでの吸気=霊感——それは〈他人〉の近さである。」(『存在するとは別の仕方で』)

この言葉自体はレヴィナスがくり返し語っていることであって、レヴィナスの読者は何ら違和感を覚えないだろう。ただ、筆者が容易に理解できずにいるのは、それに続く次のような叙述である。

「本書は、人間的に生起したものがその場所に閉じ込められたままであることは決してありえないという点を想起させることによって、非難されるべきものとしてのユートピア思想に陥ることを免れている。いま述べた点を思い起こすためには、場所と化すことで、非場所が例外的に歴史の空間に組み込まれるような出来事を引き合いに出すには及ばない。」

（同右）

「それが単なる儀礼でしかないにせよ、あるいはまた慣習に磨きをかけることでしかないにせよ、大地を飾る一握の人間にとっては、かかる証しとしての規範が必要である。（…）大地を飾る一握の人間には、存在することの乱調が必要なのだ。存在することのこの乱調によって、人間は単に暴力を嫌悪することをやめる。暴力に対する嫌悪は未開の、あるいは野生の人間の段階を示すものでしかない。（…）大地を飾る一握の人間には、暴力に対する単なる嫌悪を超えた第二の段階での存在することの弛緩が必要である。戦争に対してなされる正しい戦争（juste guerre）においても、ほかならぬこの正義（justice）ゆえに不断におののき、震撼しつづけなければならない。」（同右）

どちらも多大な註解の作業を要する箇所であろう。ただ、「大地を飾る一握の人間」といった言い方をレヴィナスがすることはこの箇所を除くとほとんどない。もちろん、表現自体はそれほど突飛なものではないし、フッサールからもレヴィナス自身の「元基」論からも「大地」「土地」という言葉を無理なく引き出すことができる。しかし、ブーバーのレヴィナスへの先の応答に登場する「過酷な大地」とこの箇所が筆者のなかで結びつくことはつい最近までまったくなかった。「キブツ」という「経験＝実験」を介した結びつきがそこにあったと今は考えるに至っている。

もちろん、この「経験＝実験」は数限りない人々の日々の生活のひとつであるが、それはまた『存在するとは別の仕方で』の哲学にとって本質的な問題を提起するものでもあった。「一緒にいること」(être-ensemble) という表現――それはまさに「キブツ」に充てられた訳語とも考えられる――が前掲の序文に登場する。だが、この表現は『存在するとは別の仕方で』では否定的な意味で使用されているのだ。「接近もしくは〈語ること〉は一緒に (l'ensemble) には内包されないものとの関係である。」(同右) 逆に「存在すること」に関しては、「一緒に」がそれを形容する語として用いられている。「存在すること、共時性としての。ひとつの－場所－に－一緒に (ensemble-dans-en lieu)。」

前に引いたレヴィナスの、「非場所が例外的に歴史の空間に組み込まれる」という表現に注目していただきたい。「非場所」が「存在するとは別の仕方で」、「歴史の空間」が「存在すること」に対応しているとするなら、また、「非場所」という術語に、ユダヤ民族は「土地なき永遠の民」として他の諸国民と境を接することを一旦やめるというローゼンツヴァイクの考えが反映されているとするなら、更に、このローゼンツヴァイクについてレヴィナスが「ローゼンツヴァイクはナショナリズムとは無縁な仕方でユダヤ人国家が誕生するのを目にすることがなかった」と言っていることを勘案するなら、この「出来事」のひとつとしてイスラエル国の創設を挙げたとしてもあながち誤りではないだろう。

「存在すること」に転じることも、「存在すること」に呑み込まれることもなく、「存在するとは別の仕方で」が「存在すること」に内在すること、可視と不可視の対立を超えて現れることのありえないものが現れること、一緒になりえないものがひとつの場所で一緒にあること、ある意味ではレヴィナスの第二の主著は「正義」の観念によってこの出来事を語ろうとするものだった。だから、次の引用箇所でレヴィナスが「キブツの正義」と言っていることは偶然ではないのだ。「イスラエルという国家とイスラエルという宗教」（一九六〇年）の一節である。

「キブツの正義のなかで、典礼への郷愁が新たに感じられるだろう。ただし、それには条件がある。無意識的な高揚に不信を抱きつつ、この正義を思考しなければならないのだ。」（『困難な自由』）

一緒にありえないものが一緒にあること、これは「共通ならざるもののなかの共通性」というブーバーの先の言葉を彷彿とさせる。のみならず、レヴィナスはブーバーの応答を意識して、『存在するとは別の仕方で』に、「顔は〈差異〉であると同時に共通性（communauté）なのだろうか。〈差異〉を還元することなき〈差異〉のなかの共通性はいかなる意味をもちうるのだろうか。」と書き記したとさえ言えるのではないだろうか（拙論「血の行方――レヴィナスと「共同体」「資本主義」の問い」、『共にあることの哲学』書肆心水所収、を参照)。

序文でレヴィナスは「社会と国家のあいだの恐るべき弁証法」と書いている。「共同体」の問題が「社会的なもの」と係っていることは言うまでもない。ただ、ここでレヴィナスが「社会と国家」と言っているのは、自分自身の問題系に即してというだけではなく、むしろブーバーの描いた構図、すでに紹介した「社会と国家のあいだ」という構図を意識してのことだった。この二項およびその「あいだ」でブーバーとレヴィナスは再び対決することになったのだ。

「社会と国家」が「社会と政治」、「倫理と政治」と変換可能であるとすれば、これはアーレントの問いでもあったということをぜひとも銘記されたい。逸早くブーバーの「二民族国家」論に注目していたアーレントは、「中東における平和もしくは休戦」(一九五〇年一月)からも分かるように、おそらく『ユートピア』を参照して『人間の条件』を書いた。すでに指摘したように、ハンガリー動乱で街中に創出された数多の「評議会」をめぐるアーレントの叙述は、ブーバーの描く「キブツ」の像に重ね合わされていたのだ。

それだけではない。ランダウアーのいうフォルクがブーバーのいう「社会」のみならず、アーレントにおける「あいだの空間」、レヴィナスのいう「家族・部族」をもそこに重ね合わせることができるとするなら、すでに示唆したように、ニーチェが「民族と国家」の対立として提起した問題の恐るべき拡がりをここに見ることができるだろう。

ブーバーにおいてもレヴィナスにおいても、「社会と国家のあいだ」は、「二項」とその「あいだ」とは簡単に言えないほど複雑な層から成るものだった。それをここで十全に語ることはできないが、ただ、ブーバーの構想は『ユートピア』の次のような箇所に集約的に表れていると言ってまちがいないだろう。

「国家を社会に、それも変装した国家ではない「真の」社会に、できるだけ広い範囲にわたってとりかえること、それがいわゆるユートピア的社会主義の目標であることを私たちは知った。真の社会の前提は次のように約言することができよう。すなわちそれは内部的につながりのない人びとの集合ではありえない。なぜならばそのような集合は、やはりまた単に「政治的」原理、すなわち支配と強制の原理によって結合を保ちうるにすぎないからである。真の社会は、共同社会生活を基礎とする小社会で、これら小社会の連合体から構成されなければならない。そして各小社会の成員相互の関係も小社会と連合体との間の関係も、ともにできるだけ社会的原理によって、すなわち内部的つながり、協力および互助の関係によって規定されなければならない。」

「真の」社会については「有機的全体」とも言い換えられており、一貫してブーバーは「ゲシュタルト」の分化と分化されたものの統合という図式に即してその生成を考えている。この二重の過程は親密さと同義であるような「生き生きとした開放性」である。それはイデオロギーに促されたわけでもなくドグマに立脚するわけでもない。狭い意味での「制度」でもない。とはいえ、それは感情でも気分でもない。かかる共同体のあり方をブーバーはVerfassung〔体制、構え〕という語を用いて言い表そうとした。それは「市民《ビュルガー》」という身分と相容れないものではないし、また、その大小を問わず、共同体は「人類の共同体」をめざす、言い換えるなら、小さな壁に大きな窓が開けられているのだ。

ブーバーはこのような共同体として「キブツ」を語るに際して、それがあたかも、偶々何らかの事情でそこで出会った人々の共同体であることを強調し、「変化しつつある歴史的前提につれてみずからも変化する境界（Grenze）の真実への監視」をその任務とみなした。この任務に関してブーバーは「正当にも絶えず新たに引き直される境界線」とも、「境界線－システム」とも言っている。

「だが共同体は決して「創設」されることを要しない。歴史的運命が一群の人びとを共同の自然と生活空間においた処、そこが真の共同体の生成のための空間であった。そして市民（Bürger）が言葉に言い表せないものの周りに、またそれを通して結びつけられていることを知ったときには、中央に都市の神のいかなる祭壇も必要としなかった。生きたそしてたえず更新される共同生活に追われており、それはただ関係の直接性のうちに更に完成されることを欲した。」

誰がそこで生活していたのか、誰がそこで偶々出会ったのか、なぜ、どのように、誰が境界線を引き直し続けているのか。それを考えることは途方もない課題であろう。レヴィナスは書いている。

「国家の内部にあって、砂漠に散種された小さな芥子《けし》粒のなかで、境界線付近の辺鄙なキブツのなかで、世界の喧騒には無関心だが人間的価値に仕える人間たちが、労働と様々な危険に満ちた日常生活によってこの無関心を語る人間たちが住まったのである。」

しかし、既述したごとく「ナクバ」という言葉と共に「キブツ」なるものが悪の象徴のごとくみなされる昨今、レヴィナスのいうこの「無関心」は、ノイズにこのように耳を塞ぐことはどのように解釈されうるだろうか。それは同じレヴィナスの提起する「無‐関心ならざること」とどのように絡むのだろうか。この点を徹底的に思考しなければならないのは言うまでもない。が、その一方で、「ユダヤ人国家」創設への深い失望を覚えつつ、「キブツ」の「失敗ならざること」を、「世界危機」におけるポスト・ソヴィエトの唯一の希望のように真剣に捉えていた哲学者がいたということ、そしてまた、彼の言葉が、レヴィナスという今世界で最も読まれている哲学者のテクストのなかに確実にこだまし、そこに刻印されているということは忘れてはならないだろう。

終章

無限の標べのように

——私たちが正しい場所に花は咲かない。(アモス・オズ)

《ユダヤ》とは絶えざる論争である。ただし、論争であるとはいえ、いずれかが勝利するわけでは決してない。それは不可避的な二者択一への抵抗である。しかし、それはまた単なる両論併記でもない。論争からは、いまだ踏みしだかれたことのない幾つもの道が生まれるのだ。《ユダヤ》という論争、《ユダヤ》をめぐる論争は今もなお継続している。そしておそらくは明日も。現在、世界でも最も影響力のある哲学者のひとりアラン・バデュ(一九三七—)の哲学が《ユダヤ》と深く関連していたことを示しながら、バデュを当事者のひとりとして繰り広げられた《ユダヤ》論争を取り上げ、そこで素描された明日の哲学を探る。

†絡み合い

『ホロコーストからガザへ』のなかで、サラ・ロイは、親友のサイードに言及して、サイードが好んでいたT・S・エリオットの詩句「ここに、存在の諸々の領域の／不可能なる合一が可能になり（…）」を引用している。サイードがこの詩句を通じて言わんとしていたこと、それは、「交差配列」「絡み合い」といった語彙でメルロ＝ポンティ（一九〇八―一九六一）が語ろうとしていたことではないだろうか。事実、メルロ＝ポンティは「われわれはひとつの壁の両側からぶつかり合いながらひとつの志向の充実に加担している」と記している。

メルロ＝ポンティといえば、サイードは「受肉の迷宮」というメルロ＝ポンティ論を書いていて、一見それが穏やかなものに見えたとしても、メルロ＝ポンティにおける人生と思想との関係は穏やかなものではまったくないと書いている。そのサイードがユダヤ人とパレスチナ人について語る言葉は、メルロ＝ポンティのいう「絡み合い」「ひとつの壁の両側」に呼応しているように思われる。「西岸地区やガザ地区に行けばいくほど、私が感銘を受けるのは、イスラエルのユダヤ人とパレスチナ人とは人口分布からみて、もう解きほぐせないほどからまりあっているという事実である」。

†「隣村」

ベルリンでダニエル・リベスキンド設計のユダヤ博物館を観、パリで『未来の証人』の著者ピエール・ブーレッツ（一九五八―）と面会したとき、彼地で購入した何冊かの書物のなかに次の二冊があった。一冊は、メディオロジーの理論家として著名なレジス・ドゥブレ（一九四〇―）の『イスラエルのある友人へ』で、この書簡には在イスラエルの歴史家エリ・バルナヴィの返信が付されている。

もう一冊は、『ジャック・ラカン伝』の著者で、ジャック・デリダとの共著もある精神分析研究者のエリザベート・ルディネスコ（一九四四―）が二〇〇九年に出版した書物で、『ユダヤ問題への回帰』と題されている。ルディネスコの書物は開巻劈頭《へきとう》、「ナチだよ、お前たちは。お前たちはユダヤ人を彼らの家から追い出している。お前たちはアラブ人たちより酷い奴らだ」と書き出されている。これはヨルダン川西岸地区のヘブロンに住む原理主義者のユダヤ人青年が、ユダヤ人入植者の強制退去の命令を告げたイスラエル青年兵に向けて二〇〇八年一二月に発した怒りの言葉である。しばしばアラブ人たちによってナチに譬えられるユダヤ人のなかでも強硬な原理主義者がユダヤ人の兵士にアラブ人以上にナチだと怒鳴りつけるこの幾重ものねじれ。一方のドゥブレに対するバルナヴィの往信でも、数多の「組み合わせ」もしくは「分割」が列挙されている。

「反シオニズムに幾つものヴァリエーションがあるのと全く同様に、いくつものシオニズムがある。反シオニストであるユダヤ人たちがいるが、彼らは反セム主義者ではない（こう言ったからといって、反セム主義者のユダヤ人が妄想であるという意味ではない。何とも言いようのないオットー・ヴァイニンガーを見よ。序で言っておくと、ヴィダル＝ナケは反シオニストではない。彼が私にそう言ったのだ）。反シオニストのユダヤ人というこのカテゴリー――それぞれ様々な差異を孕んではいるがブンド主義者、コミュニスト、分離独立派たち――はヒトラーとスターリンによって大量虐殺され、今日では小集団と化している。ただし、それ以降反セム主義は非合法と化したから、反シオニズムのこのうえもなく愛想のよい仮面の下に卑劣な情念を隠した反セム主義者たちが実在している。堂々と公言された道徳意識が深刻な仕方で事態を紛糾させることもしばしばある。例えばエドガー・モラン。彼は「マラーノ」（表面上棄教してキリスト教となったユダヤ人を指す蔑称）のユダヤ人で、「複雑性」の思想家で、反セム主義者では明らかにないし、彼を法廷に引き出すなど愚の極みだったのだが、その彼が問題あるテクストの共著者として署名したのである（サミ・ナイール、ダニエル・サルナーヴと共に、「イスラエル‐パレスチナ――癌」、『ル・モンド』二〇〇二年六月四日）。モランの名誉のために、私は彼が記事を読まずにサインしたと思いたい。」

この「癌」と題されたテクストの三人の執筆者たちならびに『ル・モンド』紙のひとりの編集者は「人種主義的誹謗」の廉で訴えられ、二〇〇五年、ヴェルサイユ高等裁判所は、ある人権団体ならびにフランス＝イスラエル協会への一ユーロの支払いを命じた。この記事には次のような言葉が書かれていた。

「「イスラエル－パレスチナ」の癌は領土的病理をもとに形成された。同じ土地での二つの国家の形成、それが二つの政治的病理の源泉になっているのだが、一方の病理は支配から生まれ、他方の病理は剝奪から生まれた。この癌は、一方では、過去に迫害された民の歴史的苦悩と地理的不安によって培われ、他方では、現在迫害され、政治的権利を奪われた民の不幸によって培われている。「昨日抑圧された者のなかに明日の抑圧者がいる」とヴィクトル・ユゴーは言っていた。」

†論争の羊皮紙

ドゥブレ、ルディネスコ、モラン（一九二一―）という現代思想の旗手たちと「シオニズム」問題との係りがこうして明らかになったわけだが、『ル・モンド』の記事およびそれをめぐる裁判の進行とほぼ同時に、ある「論争」が進行していた。二〇〇三年、ジャン・ジュネ（一九一〇—一九八六）を論じたエリック・マルティ（一九五五—）の『エルサレム短期滞在』が出版された。そのマルティが、ラカン論、ジュネ論の続編を挟んで二〇〇七年に出版したのが、『アラン・バデュ、哲学者とのひとつの論争』である。

アラン・バデュは一九三七年生まれで、特に二一世紀に入ってから世界的な影響力を発揮している。エコール・ノルマルの「認識論グループ」の一員であると共に、マオイスト（フランスの毛沢東主義者）の指導者で、かつ数学者でもある。パリ第八大学の哲学科で教鞭を執った。そのバデュがなぜここに登場するのだろうか。それはバデュが、サルトルの『シチュアシオン』を意識して継続的に出版している『シルコンスタンス』の第三巻が「《ユダヤ》(juif) という語の射程」と題されているからだ。マルティはバデュの主張を三点に要約している。

第一は、「juifという語の意味は歴史的かつ存在論的に、その綜合を成し遂げたナチの形而上学の支配下に入った」としていること。第二は、「第二次世界大戦中にユダヤ人に対して犯されたジェノサイドを忘れるようユダヤ民族に促している」こと。第三は、イスラエルを「中東に根付いた植民地国家」とみなしていること。

反セム主義者にしてかつ反シオニストとしてのバデュ。彼自身の言葉を用いてこれらの論点を少しつめておこう。ユダヤ人は反ユダヤ主義者が作ったものだというサルトルの論理は主体‐客体という図式を前提としていたけれども、バデュはゲーデル的な不完全性定理、決定不能性によってそれを変形したと言ってよい。本質的にファジーで外延も内包も一義的に決定できない集合としてのユダヤ人たちを「ユダヤ人」(le Juif) として集めたのはナチスに他ならない、とバデュは考える。このとき、ナチスはメタレヴェルの「主人たるシニフィアン〔意味するもの〕」として機能する。というか、自己が仮構される、と同時に、「ユダヤ人」という語の「シニフィアン‐シニフィエ〔意味されるもの〕」の一致が仮構される。「主人たるシニフィアン」に従属するという点では、かかる一致は「奴隷たるシニフィエ」であって、マルティはというと、ユダヤ人という語の「述語化」とそれを呼んでいる。直接は触れているわけではないとはいえ、バデュにとって「割礼」「選民思想」もこのような仮構の装置であった。

「ユダヤ人」という語の「シニフィアン‐シニフィエ」の一致が仮構されるとは、デリダの語彙を用いるなら、「超越論的シニフィエ」が仮構されるということだ。それは、シニフィアンとシニフィエを隔てる溝が踏み越えられる、あるいは踏み越えられたと錯覚することであり、この錯覚ゆえに、「ユダヤ人」というシニフィアンが複数のシニフィアンの無際限な連鎖から貨幣のように排除ないし無化されることである。「最終解決」(Endlösung) とはかかる排除、無化の別名であるが、そうなると、こうして無化されることで今度は「ユダヤ人」が「主人たるシニフィアン」として機能することになる。これが「犠牲者イデオロギー」の生成過程である。バデュの言葉を引用するなら、

「「ユダヤ」(juif) という語が公的な知的議論の一般的領野のなかで一つの例外的シニフィアンを成しているかどうか、それも、この語に聖なるシニフィアンの役を演じさせることが合法的であるほどに例外的なシニフィアンを成しているかどうかを知ることが課題である。」

ユダヤ人をめぐるバデュの発言は、一九九三年に出版された『倫理――〈悪〉の意識についての試論』に繫がっていたと考えられる。この書物は当時の思想界における「倫理への回帰」を批判したもので、特にその代表的思想家としてレヴィナスが取り上げられている。こうしてバデュ＝マルティの論争はバデュ―レヴィナスの論争へと送り返されることになる。ただし、マルティによると、マルティとバデュの論争は実は二〇〇〇年にマルティが『エスプリ』誌に発表した「最後の知識人たち」に始まり、その後も両者のあいだで書簡の遣り取りがあったというのだ。バデュの『主体の理論』を読んでマルティは、文化大革命期の群集とマラルメの夢を結びつけるバデュの身振りに衝撃を受ける。

「私たちの時代で、マラルメが夢見ていることに近似したものとしては、文化大革命の真只中で天安門を赤く埋め尽くした巨大な群集たちしかない。そのようなものこそ、民衆が

その「偉大さの聴取」に取り掛かるところの真の劇場なのである。」
このような「近似」を、マルティは「驚くべき論理的暴走」とみなしている。だからこそナチスが「ユダヤ人」という語をある意味では作り出したのだというバデュの妄言は生まれたのだし、この妄言は「イスラエル国の消滅」をただひたすら願うものでしかない。「おそらく〔この驚くべき論理的暴走と〕同じ動きによって、バデュはマラルメとマオのあいだに、言い換えるなら、〔マラルメ的〕〈書物〉と〔ナチスによる〕焚書とのあいだに、アブラハム、モーセの「ユダヤ人」とヒトラーによって思い描かれた「ユーピン」(youpin)〔ユダヤ人を人種主義的に指す蔑称〕とのあいだに未曾有の同義性を確立したのだ。」
「驚くべき論理的暴走」について、マルティは、それが暴走でありつつも一対一対応への還元的虚構であることを非難してもいる。「なぜユダヤのシニフィアンをヒトラーという唯一の名に執拗に連結しようとするのか」と。だから、バデュが『シルコンスタンス』第二巻の序言で提起した、ひとつの「主人たるシニフィアン」の解体も、マルティのこの評価をまったく変化させることはないのだが、バデュ自身は、同書の末尾に補遺として置かれたセシル・ヴィンターの文章が提起した「主人たるシニフィアン」か「口に出しえない数多の名」かという選択を踏まえて、「私は嬉しく思う。このように本書が、固有名たちの還元不能な多数性、諸述語の専制に対抗しうる唯一のリアルなものへの賛辞で締め括られていることを」と言っている。

私はバデュのこの言葉に、スピノザとレヴィナスに通じる道を認める。なぜスピノザなのだろうか。実を言うとバデュは、アルチュセールが一九六七年に創設した「スピノザ・グループ」の一員で、私見によると、バデュにおける「数学的・集合論的存在論」はスピノザ的実体論の現代版として企てられた。のみならず、バデュのユダヤ人論にも私はスピノザの『神学・政治論』のこだまを聴く思いがする。なぜなら、スピノザが『神学・政治論』で「選民」の観念や「聖書」というテクストに対して行ったことは、バデュが「主人たるシニフィアン」に対して行ったことと密接に関係していると考えられるからだ。

しかし、ことはそれほど単純ではない。マルティ自身、『アラン・バデュ、哲学者とのひとつの論争』の題辞として、アルチュセールの次のような言葉を選んでいるのである。『神学・政治論』のなかに、私は、特異であると同時に普遍的な対象の認識をもたらす「第三種」の認識の、最も輝かしいが、最も見誤られてきた、最も高度な実例を見出す。それはすなわち、ひとつの民の特異で歴史的な個体性についての認識（私が思うに、スピノザは「第三種の認識」〔別名「神への知的愛」〕。自然全体のなかでの個体の特異性の認識をめざす）を通じてこのように、特異でまたその類において普遍的な一切の個体性の認識を目指していた）、ユダヤの民についての認識である。」

アルチュセールの言葉はもちろん批判の対象として引かれたのではない。事実、マルティは、アルチュセール的なスピノザ理解を欠いているとして、バディュ――アルチュセールの弟子でスピノチスト――を非難しているのである。

「スピノザが「第三種の認識」の概念のもとでそれを分析しているように、特異なものと普遍的なものとの絶対的絆によって、ディアスポラのなかのユダヤの民の存続そのものに思いを馳せないなどということがどうしてできるのか。」

敵対する思想家たちのあいだでスピノザが共有されている。スピノザはシオニズムの理論家に、それと同時にディアスポラのユダヤ人たちの世界彷徨に寄り添う哲学者でもあったのだ。スピノザのまさに「怪異性」(アントニオ・ネグリ)であろう。実は、マルティはシュロモ・サンドの『ユダヤ人はいつ、どうやって作られたか』に論争を挑んでもいるのだが、サンドの議論は、「近代性」の問題など変えるべき点を変えるなら、スピノザ―フロイトの路線に位置づけられるものだろう。

†ポケット『エチカ』

リベスキンドの自伝を読んでいると、ショアーの生き残りたる彼の母親の、ドイツ語、ポーランド語、イディッシュ語の入り混じった話のなかに、スピノザならびにニーチェからの引用が盛り込まれていたと記されている。リベスキンド一家がイスラエルを経てニューヨークに移住した一九五〇年代末の思い出である。

リベスキンド自身音楽家でもあるが、同じくユダヤ系の音楽家で、ベルリンのユダヤ博物館で二〇〇六年一一月一九日に「理解と寛容賞」を受賞した人物がいる。サイードと共に「ウェスト＝イースタン・ディヴァン・プロジェクト」を作り上げたことで知られるダニエル・バレンボイム（一九四二―）である。同年一二月三一日にバレンボイムはパレスチナの市民権を取得している。バレンボイムはアルゼンチンのブエノスアイレス生まれで、アルゼンチンが、東欧ユダヤ人の一大移住地として、ヘルツルらによって一時ユダヤ人国家の建設地とみなされていたこと、また、ナチス親衛隊中佐アドルフ・アイヒマン（一九〇六―一九六二）の潜伏地であったことは周知のとおりである。このバレンボイムが自伝的音楽論のなかでこんなことを言っている。

「私は一三歳のときはじめてスピノザの『エチカ』を読んだ。もちろん学校で教えられたのは聖書だった――聖書は私にとって究極の哲学書である。けれどもスピノザを読むことで私の前に新たな世界が開かれた。彼の作品をずっと読みつづけているのはそのためである。スピノザのシンプルな公理「人は考える」（第二部、公理二）は、人生の基本的な考え方のひとつとなっている。今では私の『エチカ』はページの端が折れ、破れてぼろぼろになっている。私は何年間もこの本を旅先に持ち歩き、ホテルの部屋やコンサートの休憩時間に、そこに書かれた公理や定理の多くに心をうばわれ、それについて考えた。スピノザの『エチカ』は知性にとって最良の訓練場である。いちばんの理由は、スピノザが完全な自由というものを他の哲学者のだれよりも深く教えてくれるからである。」

リベスキンドにおいてもバレンボイムにおいても、様々な場所を彼らがさまようなかで、ディアスポラ的経験にスピノザが付き添っている。もちろん、こう言ったからといって、両者がシオニズムと無縁であるというわけではない。ただ、ディアスポラ的側面との結びつきが強調されているということである。二人の発言を引用するが、後者はサイードに向けてバレンボイムが語った言葉である。

「私はつねにノマド的生活を送っている。(…)私の頭のなかには幾つもの世界が実在していて、それらすべてが私の現下のプロジェクトに影響を与えている。」

「僕がどこかで自分の家にいるような気がするとすれば、じつはそこには移動しているという感覚があるからだろう。すべては動いているのだから。音楽だって移行だろう。流動性という観念としっくりいっているときが、僕はいちばんしあわせだ。」

『フロイトと非ヨーロッパ人』のなかでサイードは、ユダヤ人ならざるモーセが作り上げたものとしてのユダヤ人という仮説のうちに、現在は失われてしまった開放性を見出しているが、同様にバレンボイムがスピノザとフロイトとの連関を語っているのも興味深い。「『エチカ』で示されている教えは、世界は対処可能な場所であると気づかせてくれる。かつてフロイト自身がピッケルへの手紙に、「私は自分がスピノザの教えに負っていることを認めます」と書いている。逆に、スピノザのほうは、フロイト流の分析を先取りするように、私たちは自分自身の感情を完全にコントロールすることはできない、と認め、『エチカ』(第四部、定理七)のなかで、「感情はそれとは反対のかつそれよりも強力なある感情によってでなくては除去されることも抑制されることもできない」と書いている。」

†スピノザの逆説

『倫理』のなかで、バデュはみずからの狙いをこう表現している。
「倫理を抽象的範疇(人間、権利、他者……)に結びつけるのではなく、むしろ様々な情況へと差し戻すことにしよう。他者への憐憫といった次元ではなく、特異な諸過程を耐え忍ぶことができるような格率を創りだすことにしよう。」

カント的「格率」という語が用いられているのに加えて、バデュがレヴィナス的倫理を標的としていることは次の一節からも明らかである。「レヴィナス的意味でのユダヤ的倫理にとって、すべては反省的主体からその首座を剝奪する〈他者〉への開《ひら》けの直接性にその根拠をもっている。「汝」が「我」に優位する、それがまさに根源としての〈法〉の意味のすべてである」。

しかし、それにしてもなぜこのような〈他者〉の倫理が根底的に糾弾されねばならないのだろうか。思うにそれは〈他者〉から諸属性を剝奪して、一方では「ユダヤ人」を原型として維持しつつも、端的に〈他者〉であることという属性しか残さず、〈他者〉を大文字化していくことが、様々な〈他者〉たちと諸情況の抹殺であり、また、端的に〈他者〉と言いつつもそのイメージを固定することで、レヴィナス的倫理の構図は〈他者〉からイニシアティヴを奪っているからだ。

「こうした倫理や「差異の権利」を声高に叫ぶ使徒たちがちょっとでも目立つ差異に出くわそうものなら心底怯えてしまうことを考えるとき、私たちは最初の疑いに襲われる。というのも、彼らにとっては、アフリカ大陸の人々の風習は野蛮であり、イスラーム圏の人々のそれは醜怪であり、中国人は全体主義的であり、以下同様といった具合だからだ。実際のところ、彼らにとって例の「他者」が我慢できるのは、それが善き他者である場合、言い換えれば、私たちとまったく同じではないにせよ、だが善き他者ではある場合、そうした場合に限られるのではないか？　差異の尊重、大いに結構だ！　だが次の但し書きの許で――その差異とは、議会制民主主義を前提とした差異、市場経済に賛成する者たちの仲間内での差異、意見の自由を支持する者のうちでの差異、フェミニストにおいての、エコロジストにおいての差異……。こう言ってもよいだろう。すなわち、私は様々な差異を尊重する。だが言うまでもなく、それは、私とは異なっている者が、私とまったく同じように、件の差異を尊重する限りにおいてである。」

他者の超越性を確立するために、レヴィナスは自我を、それにとって他者が不在でありうるような存在たらしめなければならなかった。もちろん、レヴィナスはその初期論考において、「私が私であること」からの不可能とも見える逃走について語り、また後年には〈同のなかの他〉という非同一性の構図を呈示することになる。また、ipse〔自己〕とidem〔同〕との同定を戒めていた時期もある。けれども『全体性と無限』では、いかに変化しようとも自己同一化するものとして〈自我〉が捉えられ、その〈自我〉と〈同〉すなわち〈同じもの〉とが同定されているかに見える箇所がある。それは否めない。そして、バデュはそのことこそが問題なのだと言うのである。

「他者とその「承認」にまつわるあらゆる倫理的属性は端的に放棄されねばならない。なぜなら、極めて困難な真の問題とはむしろ〈同じもの〉の承認という問題だからだ。(…)無限とは、カントールが集合論の創造をもって明らかにしたように、実は、多数―存在(l'être-multiple)の最も一般的な形式である。」

〈同じもの〉をバデュが集合論的視点から捉えていることはこの引用文からも明らかだろうが、彼が見据えているのは、すべての集合を含む集合はあるのかという難題であったと推察される。この問題の難しさは、「実体はひとつである」というスピノザの考えを理解することの難しさに対応しているのだ。

とはいえ、レヴィナスとバデュは単に対立しているわけではもちろんない。ただ、先の引用文でバデュは、〈同と他〉の分離には帰することのできないような〈同じもの〉――「ほとんど同じもの」という語を想起されたい――の多様性、多様性としての〈同じもの〉を表現するために、イスラム圏やアフリカ大陸や中国の人々を挙げていた。もちろん、このような呼称それ自体が〈同じもの〉の複雑な力動性のなかで攪乱されなければならないのだが、「ノアの裔」のネットワーク、「私」の暗い衝動、このシステム衝動はそれに応えることができるのだろうか。そもそもそれは「ノアの末裔」であり「ユダヤ教」なのだろうか。これが《ユダヤ》という問いである、とさしあたり言っておこう。

ちくま新書
1272

入門《にゅうもん》ユダヤ思想《しそう》

二〇一七年八月一〇日　第一刷発行

著　者　合田正人（ごうだ・まさと）

発行者　山野浩一

発行所　株式会社 筑摩書房
東京都台東区蔵前二―五―三　郵便番号一一一―八七五五
振替〇〇一六〇―八―四一二三

装幀者　間村俊一

印刷・製本　株式会社 精興社

乱丁・落丁本の場合は、左記宛にご送付ください。
送料小社負担でお取り替えいたします。
ご注文・お問い合わせも左記へお願いいたします。
〒三三一―八五〇七　さいたま市北区櫛引町二―六〇四
筑摩書房サービスセンター　電話〇四八―六五一―〇〇五三

ISBN978-4-480-06979-5 C0210

ちくま新書

ちくま新書

695 哲学の誤読
——入試現代文で哲学する！
入不二基義
哲学の文章を、答えを安易に求めるのではなく、思考の対話を重ねるように読み解いてみよう。入試問題の哲学文を「誤読」に着目しながら精読するユニークな入門書。

740 カントの読み方
中島義道
超有名な哲学者カントは、翻訳以前にそもそも原文も難しい。カントをしつこく研究してきた著者が『純粋理性批判』を例に、初心者でも読み解ける方法を提案する。

776 ドゥルーズ入門
檜垣立哉
没後十年以上を経てますます注視されるドゥルーズ。哲学史的な文脈と思想的変遷を踏まえ、その豊かなイマージュと論理を読む。来るべき思想の羅針盤となる一冊。

866 日本語の哲学へ
長谷川三千子
言葉は、哲学の中身を方向づける働きを持っている。和辻哲郎の問いを糸口にパルメニデス、デカルト、ハイデッガーなどを参照し、「日本語の哲学」の可能性をさぐる。

901 ギリシア哲学入門
岩田靖夫
「いかに生きるべきか」という問題は一個人の幸福から「正義」への問いとなり、共同体＝国家像の検討へつながる。ギリシア哲学を通してこの根源的なテーマに迫る。

907 正義論の名著
中山元
古代から現代まで「正義」は思想史上最大のテーマのひとつでありつづけている。プラトンからサンデルに至る主要な思想のエッセンスを網羅し今日の課題に応える。

922 ミシェル・フーコー
——近代を裏から読む
重田園江
社会の隅々にまで浸透した「権力」の成り立ちを問い、常識的なものの見方に根底から揺さぶりをかけるフーコー。その思想の魅力と強靭さをとらえる革命的入門書！

ちくま新書

1119
近代政治哲学
——自然・主権・行政
國分功一郎
今日の政治体制は、近代政治哲学が構想したものだ。ならば、その基本概念を検討することで、いまの民主主義体制が抱える欠点も把握できるはず！　渾身の書き下し。

1143
観念論の教室
冨田恭彦
私たちに知覚される場合だけ物は存在すると考える「観念論」。人間は何故この考えにとらわれるのか。元祖観念論者バークリを中心に「明るい観念論」の魅力を解く。

1165
プラグマティズム入門
伊藤邦武
これからの世界を動かす思想として、いま最も注目されるプラグマティズム。アメリカにおけるその誕生から最新の研究動向まで、全貌を明らかにする入門書決定版。

1229
アレント入門
中山元
生涯、全体主義に対峙し、悪を考察した思想家ハンナ・アレント。その思索の本質を『全体主義の起原』『イェルサレムのアイヒマン』などの主著を通して解き明かす。

001
貨幣とは何だろうか
今村仁司
人間の根源的なあり方の条件から光をあてて考察する貨幣の社会哲学。世界の名作を「貨幣小説」と読むなど貨幣への新たな視線を獲得するための冒険的論考。

261
カルチュラル・スタディーズ入門
上野俊哉
毛利嘉孝
サブカルチャー、メディア、ジェンダー、エスニシティ、ポストコロニアリズムなどの研究を通してカルチュラル・スタディーズが目指すものは何か。実践的入門書。

393
現象学は〈思考の原理〉である
——シリーズ・人間学③
竹田青嗣
人間とは何か、社会とは何か。現象学はこの問いを根本から解明する思考の原理だ！　現象学の方法から言語、身体までその本質を論じ、現象学の可能性を指し示す。

ちくま新書

469
公共哲学とは何か
山脇直司
滅私奉公の世に逆戻りすることなく私たちの社会に公共性を取り戻すことは可能か？　個人を活かしながら公共性を開花させる道筋を根源から問う知の実践への招待。

474
アナーキズム
――名著でたどる日本思想入門
浅羽通明
大杉栄、竹中労から松本零士、笠井潔まで十冊の名著をたどりながら、日本のアナーキズムの潮流を俯瞰する。常に若者を魅了したこの思想の現在的意味を考える。

766
現代語訳　学問のすすめ
福澤諭吉
齋藤孝訳
諭吉がすすめる「学問」とは？　世のために動くことで自分自身も充実する生き方を示し、激動の明治時代を導いた大ベストセラーから、今すべきことが見えてくる。

769
独学の精神
前田英樹
無教養な人間の山を生んだ教育制度。世にはびこる賢しらな教育論。そこに決定的に欠けた視座とは？　身ひとつで学び生きるという人間本来のあり方から説く学問論。

805
12歳からの現代思想
岡本裕一朗
この社会や人間の未来を考えるとき、「現代思想」はさまざまな手がかりを与えてくれる。子どもも大人も知っておきたい8つのテーマを、明快かつ縦横に解説する。

819
社会思想史を学ぶ
山脇直司
社会思想史とは、現代を知り未来を見通すための、過去の思想との対話である。近代啓蒙主義からポストモダニズムまで、その核心と限界が丸ごとわかる入門書決定版。

852
ポストモダンの共産主義
――はじめは悲劇として、二度めは笑劇として
スラヴォイ・ジジェク
栗原百代訳
9・11と金融崩壊でくり返された、グローバル危機という掛け声に騙されるな――闘う思想家が混迷の時代を分析、資本主義の虚妄を暴き、真の変革への可能性を問う。

1017
ナショナリズムの復権
先崎彰容
現代人の精神構造は、ナショナリズムとは無縁たりえない。アーレント、吉本隆明、江藤淳、丸山眞男らの名著から国家とは何かを考え、戦後日本の精神史を読み解く。

1039
社会契約論
——ホッブズ、ヒューム、ルソー、ロールズ
重田園江
この社会の起源には何があったのか。ホッブズ、ヒューム、ルソー、ロールズの議論を精密かつ大胆に読みなおし、近代の中心的思想を今に蘇らせる清冽な入門書！

1182
カール・マルクス
——「資本主義」と闘った社会思想家
佐々木隆治
カール・マルクスの理論は、今なお社会変革の最強の武器であり続けている。最新の文献研究からマルクスの実像に迫ることで、その思想の核心を明らかにする。

1183
現代思想史入門
船木亨
ポストモダン思想は、何を問題にしてきたのか。生命、精神、歴史、情報、暴力の五つの層で現代思想をとらえなおし、混迷する時代の思想的課題を浮き彫りにする。

932
ヒトラーの側近たち
大澤武男
ナチスの屋台骨である側近たち。ゲーリング、ヘス、ゲッベルス、ヒムラー……。独裁者の支配妄想を実現、ときに強化した彼らは、なぜ、どこで間違ったのか。

935
ソ連史
松戸清裕
二〇世紀に巨大な存在感を持ったソ連。「冷戦の敗者」「全体主義国家」の印象で語られがちなこの国の内実を丁寧にたどり、歴史の中での冷静な位置づけを試みる。

1082
第一次世界大戦
木村靖二
第一次世界大戦こそは、国際体制の変化、女性の社会進出、福祉国家化などをもたらした現代史の画期である。戦史的経過と社会的変遷の両面からたどる入門書。

ちくま新書

1177
カストロとフランコ
——冷戦期外交の舞台裏
細田晴子
キューバ社会主義革命の英雄と、スペイン反革命の指導者。二人の「独裁者」の密かなつながりとは何か。未開拓の外交史料を駆使して冷戦下の国際政治の真相に迫る。

1206
銀の世界史
祝田秀全
世界中を駆け巡った銀は、近代工業社会を生み世界経済の一体化を導いた。銀を読みといて、コロンブスから産業革命、日清戦争まで、世界史をわしづかみにする。

744
宗教学の名著30
島薗進
哲学、歴史学、文学、社会学、心理学など多領域から宗教理解、理論の諸成果を取り上げ、現代における宗教的なものの意味を問う。深い人間理解へ誘うブックガイド。

864
歴史の中の『新約聖書』
加藤隆
『新約聖書』の複雑な性格を理解するには、その成立までの経緯を知る必要がある。一神教的伝統、イエスの意義、初期キリスト教の在り方までをおさえて読む入門書。

1048
ユダヤ教　キリスト教　イスラーム
——一神教の連環を解く
菊地章太
一神教が生まれた時、世界は激変した！「平等」「福祉」「不寛容」などを題材に三宗教のつながりを分析し、現代の底流にある一神教を読み解く宗教学の入門書。

1102
エクスタシーの神学
——キリスト教神秘主義の扉をひらく
菊地章太
ギリシア時代に水源をもち、ヨーロッパ思想の伏流水であるキリスト教神秘主義。その歴史を「エクスタシー」の観点から俯瞰し、宗教の本質に肉薄する危険な書。

1215
カトリック入門
——日本文化からのアプローチ
稲垣良典
日本文化はカトリックを受け入れられるか。日本的霊性と超越的存在の問題から、カトリシズムの本質に迫る。中世哲学の第一人者による待望のキリスト教思想入門。

ちくま新書

1216
モテる構造
――男と女の社会学
山田昌弘

女は女らしく、男は男らしく。こんな価値観が生き残っているのはなぜか。三つの「性別規範」が、深く感情に根ざし、男女非対称に機能している社会構造を暴く。

1124
チームの力
――構造構成主義による〝新〟組織論
西條剛央

一人の力はささやかでも、チームを作れば〝巨人〟にだってなれる。独自のメタ理論を応用し、チームの力を最大限に引き出すための原理と方法を明らかにする。

1100
地方消滅の罠
――「増田レポート」と人口減少社会の正体
山下祐介

「半数の市町村が消滅する」は嘘だ。「選択と集中」などという論理を振りかざし、地方を消滅させようとしているのは誰なのか。いま話題の増田レポートの虚妄を暴く。

1205
社会学講義
橋爪大三郎／佐藤郁哉／吉見俊哉／大澤真幸／若林幹夫／野田潤

社会学とはどういう学問なのか？　基本的な視点から説き起こし、テーマの見つけ方・深め方、フィールドワークの手法までを講義形式で丁寧に解説。入門書の決定版。

1250
憲法サバイバル
――「憲法・戦争・天皇」をめぐる四つの対談
ちくま新書編集部編

施行から70年が経とうとしている日本国憲法。改憲論議も巻き起こり、改めてそのあり方が問われている。問題の本質はどこにあるのか？　憲法をめぐる白熱の対談集。

1151
地域再生入門
――寄りあいワークショップの力
山浦晴男

全国どこでも実施できる地域再生の切り札「寄りあいワークショップ」。住民全員が連帯感をもってアイデアを出しあい、地域を動かす方法と成功の秘訣を伝授する。

1129
地域再生の戦略
――「交通まちづくり」というアプローチ
宇都宮浄人

地方の衰退に伴い、鉄道やバスも消滅の危機にある。再生するためには「まち」と「公共交通」を一緒に変えるしかない。日本の最新事例をもとにその可能性を探る。